MANUEL

DES

ŒUVRES DE CHARITÉ.

Paris. — Typographie de Firmin Didot frères, rue Jacob, 56.

MANUEL
DES ŒUVRES

ET

INSTITUTIONS DE CHARITÉ
DE PARIS,

PUBLIÉ PAR ORDRE

DE Mgr L'ARCHEVÊQUE,

ET PAR LES SOINS DE LA COMMISSION DES ŒUVRES
INSTITUÉE A L'ARCHEVÊCHÉ.

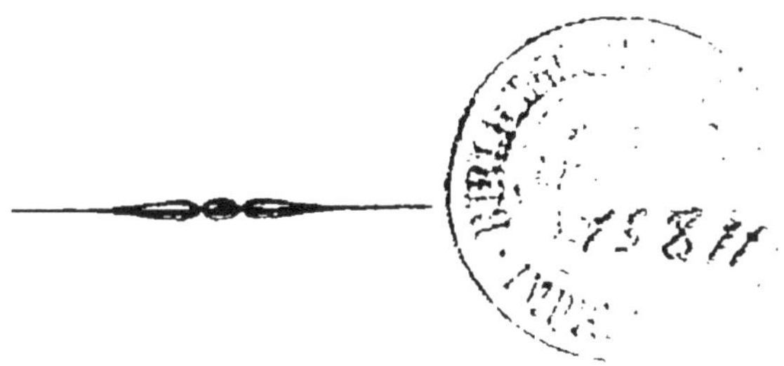

PARIS,
LIBRAIRIE DE Vve POUSSIELGUE-RUSAND,
RUE SAINT-SULPICE, 23.

1852.

PRÉFACE.

Il y a deux sortes de Charités que je prends comme on les nomme, et qui s'appellent la Charité officielle et la Charité privée.

La Charité officielle est le canal administratif par où coulent sur la tête et sur les membres du pauvre les subventions de la Commune et de l'État. Elle pourvoit, par l'ordonnance de sa gestion et par la puissance de ses moyens qui sont les moyens de tous, au soulagement des grandes misères et des grandes douleurs du peuple. Elle institue les hôpitaux et les hospices aux longs corridors et aux vastes populations. Elle organise les bureaux de bienfaisance sur toute l'étendue du pays. Elle obvie, par l'urgence et la grandeur de ses secours, aux calamités imminentes, aux famines, aux inondations, aux épidémies. Elle élève des asiles pour les aliénés, les incurables, les enfants trouvés, les femmes en couches, les invalides, les lépreux et autres analogues, les blessés, les caducs, les infirmes.

Si d'un côté, la plupart des beaux édifices et des riches dotations de la Charité officielle ont pour fondement les dons et legs de la Charité privée, et si les revenus des hôpitaux et des hospices s'accroissent et s'entretiennent annuellement par la piété testamentaire des particuliers, d'un autre côté, l'État soutient de ses allocations, de sa protection, et de ses encouragements les meilleures fondations de la Charité privée.

Je ne voudrais donc pas qu'on plaçât en face l'une de l'autre, comme deux rivales, comme deux antagonistes, deux personnes si excellentes et qui se prêtent leur concours pour le soulagement de l'humanité.

J'admire surtout comment la Charité privée, ce généreux auxiliaire, s'approche de toutes parts, avec ses sœurs, ses associations, ses communautés, ses prêtres et ses dames, de l'Assistance officielle, et s'empresse à ramasser en quelque sorte toutes les misères qui lui échappent. Il n'y a pas un coin écarté de pauvreté qu'elle n'explore, pas une plaie hideuse qu'elle ne lave et ne nettoie, pas une douleur mystérieuse qu'elle ne console, pas une faiblesse secrète qu'elle ne relève, pas une pudeur qu'elle ne réveille, pas une nudité qu'elle ne couvre, pas un repentir qu'elle n'accueille, pas un désespoir qu'elle ne sauve, et pas une âme en peine qui ne se jette entre ses bras! Que de combinaisons ingénieuses et sans relâche! Que de refuges ouverts à des existences brisées! Que de larmes essuyées! Que de caves et de mansardes visitées! Que de corps gisants sur la paille relevés, ranimés, réchauffés, vêtus, nourris, guéris! Quel mélange habile, prudent, paternel de l'autorité légale et de l'assistance privée! L'une apporte ce que l'autre n'a pas. L'une est plus riche et plus ordonnée; l'autre est plus tendre et plus émue; toutes deux marchent côte à côte, et dans cette espèce de chasse qu'elles font aux misères humaines, il y en a peu qui se dérobent à la vigilance de leur poursuite et de leur découverte.

De même que l'Industrie suit, selon l'ordre des matières, la division du travail, de même la Charité suit, selon l'ordre des misères, la division des secours.

Ainsi, la Charité n'abandonne pas un instant la vie du pauvre; elle s'occupe de lui avant sa naissance pour lui préparer un berceau et du lait; elle élève son enfance dans la crèche, dans l'asile et dans l'école; paye et protége son apprentissage; adopte l'orphelin, délivre le prisonnier, visite le malade, réhabilite le désordre, encourage le repentir, aide sans l'humilier la misère qui se cache, et ajoute à l'aumône la parole qui console et qui fortifie.

La Charité est infatigable, elle frappe à toutes les portes; elle est insatiable, tout tombe dans sa bourse, dons, quêtes d'église, souscriptions, secours d'hôpitaux, argent de mairie, denrées, meubles, objets en nature, subventions du gouvernement; avec cela, on achète des médicaments et du linge, on dresse des lits, on chauffe des fourneaux, on travaille des chaussures, des bonnets, des habits; on loge, on blanchit, on entretient, on couvre les dépenses, on pourvoit à tout.

On a prétendu que les revenus des églises étaient immenses, et que les prêtres de Paris étaient riches, bien riches. Qu'est-ce que cela veut dire ? Ils sont riches, non pas à la manière des puisards qui retiennent, mais à la manière des canaux qui écoulent. Que reste-t-il dans un canal, lorsque toute l'eau s'est écoulée ? Rien. il en est de même des prêtres de Paris. S'ils reçoivent beaucoup, ils donnent beaucoup; ils font mieux que donner beaucoup, ils donnent tout. Et, outre leur argent, ils donnent leur temps, leurs jours, leurs nuits, leurs courses. leurs exhortations, leurs sacrements. Enfin, ils font plus que tout cela; ils donnent leur pardon, lorsqu'on les calomnie.

On a dit que la Charité privée se laissait aller, surprendre, voler. Comment, voler! Le grand mal, quand cela arriverait, une fois, quelquefois, par hasard! Quand il y aurait quelque peu de notre argent de perdu ? quelque plaie feinte qu'on nous ferait voir ? quelque pauvre qui ne l'est que de nom, et qui nous tromperait ? Eh bien ! laissons-nous tromper : ce sont là les faiblesses aimables de la Charité, et cette extrême patience, cette douceur même qui se voile et qui ferme les yeux, ne la rendent-ils pas plus chère aux pauvres et plus semblable à Dieu ? Pourquoi dire : Vous demandez du pain, mais vous n'avez pas faim ! Qu'en savez-vous, si je n'ai pas faim ? Ma faim ne crie pas dans votre estomac. Mes plaies ne souffrent pas dans votre corps. Je pâtis, donnez-moi.

On a dit aussi que la Charité privée était la Providence des pauvres. Nous serions plutôt tenté de croire qu'elle est la Providence des riches ; car, encore est-il vrai que la Charité officielle, surtout si elle était réduite à ses seules forces, ne laisserait périr aucun pauvre de mal d'âge, de sexe et de grosse infirmité ; mais sans la Charité privée, sans cette eau du ciel qui, tombant goutte à goutte, creuse le rocher de nos âmes, que deviendraient-elles, oui, que deviendrait l'âme du riche ? Elle se plongerait dans l'insensibilité de la brute. Les puissants de la terre, sans relief, sans dignité, sans indépendance et sans courage, se seraient partout précipités aux pieds de la tyrannie ; ils auraient endurci leurs cœurs par l'abus des voluptés ; ils se seraient abîmés dans l'orgueil de la race et de la domination.

C'est beaucoup sans doute que de donner aux pauvres de l'argent, un toit, un lit, un vêtement, du pain, des remèdes et des médecins, et la Charité administrative peut faire et fait tout cela. Mais il faut faire plus encore pour être tout à fait aumônier dans le sens chrétien. C'est de se communiquer soi-même, c'est d'ouvrir son cœur aux malheureux, c'est de leur donner, c'est de leur prodiguer, sans en rien retenir, ses soins, son temps, sa science, ses consolations, ses prières.

Et si l'on demande : Mais qui donc se charge de tant d'occupations et de détails si puérils, si minutieux et quelquefois si rebutants ? Qui ? Des prêtres, ces vénérables ouvriers qui tiennent pour perdues toutes les heures qu'ils ont passées sans faire du bien aux hommes. Qui ? De bonnes religieuses qui s'appellent Sœurs, parce qu'elles ont pour les malades, les pauvres et les souffrants la tendresse vive, les entrailles et presque les caresses d'une sœur. Qui encore? Des mères de famille, de charitables dames, des demoiselles qui s'arrachent aux plaisirs du monde, pour aller consoler, secourir de pauvres filles délaissées, des femmes en couches et des vieillards qui ont encore plus besoin d'affection, de confidence, d'écoute patiente et de bonnes paroles, que d'aliments.

Et enfin, si l'on demande qui donne un tel empressement pour l'indigence à ces jeunes gens qui se dégoûtent si vite des plaisirs les plus raffinés, une telle force à de si faibles femmes, une telle patience à des êtres si impatients, une telle suite d'idées, une telle persévérance d'actes et de conduite à un sexe si léger, une telle tendresse de cœur et des mots si pleins d'onction et d'espérance à des Sœurs, à des Dames qui n'ont avec tous ces malheureux aucun lien de parenté, de société, de mœurs, d'habitudes et d'es prit, il faut bien que je le dise, c'est la Religion.

Pourquoi tant de misérables, de repentis, d'affligés, d'orphelins, de proscrits, de malades, d'infirmes, d'incurables, ne gardent-ils de la vie que la souffrance et laissent-ils la joie aux heureux ? Pourquoi supportent-ils avec tant de résignation, et de bonheur j'allais dire, le poids de leurs maux et des angoisses de leur âme ? C'est qu'ils espèrent en vous, Notre Père qui êtes aux cieux !

Pourquoi tant de prêtres tiennent-ils leurs lèvres collées, avec leurs prières, aux lèvres des pestiférés et des mourants ? Pourquoi tant de femmes délicates montent-elles, tout haletantes, les escaliers des mansardes ? Pourquoi épellent-elles l'*a be bi bo bu* avec de tout petits enfants ? Pourquoi pansent-elles les ulcères du pauvre ? Pourquoi respirent-elles l'odeur fétide des hôpitaux ? Le feraient-elles, le font-elles pour toutes les joies et pour tous les trésors de la terre ? Non, mais vous leur parlez du ciel, et les voilà qui se dévouent avec plus de courage qu'un soldat, avec autant de vertu qu'un saint.

Ah ! c'est que la Religion les inspire, la Religion qui est le commencement, le milieu et la fin de toutes les œuvres, parce qu'elle est le commencement, le milieu et la fin de l'homme.

CORMENIN.

AVIS.

La *Commission des œuvres* a rédigé ce MANUEL par ordre de Mgr l'Archevêque.

La mention d'une Œuvre dans le Manuel n'implique, de la part de Mgr l'Archevêque, ni approbation ni recommandation.

L'approbation ne pourrait être accordée que par une décision spéciale de S. G. rendue après un examen approfondi des statuts et de la situation de l'Œuvre, par la Commission des Œuvres instituée à l'Archevêché.

DIVISION DE L'OUVRAGE.

Le Manuel est divisé en six chapitres :

Le premier comprend les œuvres qui s'occupent de l'enfance et de l'adolescence ;

Le second, les œuvres de charité libre pour la maladie, les infirmités et la vieillesse ;

Le troisième, les institutions publiques de secours et de prévoyance ;

Le quatrième, les œuvres ecclésiastiques et les congrégations religieuses vouées au service des pauvres ;

Le cinquième, les institutions de pénitence et de réhabilitation ;

Le sixième, les lois et règlements relatifs à la charité publique ou privée.

COMMISSION DES ŒUVRES

A L'ARCHEVÊCHÉ DE PARIS.

Monseigneur l'Archevêque de Paris a institué une commission des Œuvres qui se réunit le premier et le troisième mercredi de chaque mois à l'Archevêché.

Elle est chargée de recueillir tous les documents relatifs à la charité dans le diocèse de Paris, et de donner son avis sur les demandes adressées à monseigneur l'Archevêque par les Œuvres ou Associations charitables.

Aucune quête ne peut être faite pour une Œuvre dans les églises de Paris sans l'autorisation par écrit délivrée à l'Archevêché.

Toute demande d'approbation ou d'autorisation de quête doit être adressée, avec les règlements et statuts de l'Œuvre, à M. l'abbé de la Bouillerie, vicaire général, président de la Commission des œuvres, à l'Archevêché, ou à M. l'abbé Ledreuille, secrétaire, au Val-de-Grâce.

Pour les renseignements relatifs au *Manuel des Œuvres,* s'adresser *franco* au secrétaire de la Commission des Œuvres, à l'Archevêché.

Membres de la Commission :

MM. De la Bouillerie, vicaire général, *président*, 28, rue de Varennes.

L'abbé Jammes, chanoine de Paris, *vice-président*, 4, rue Chanoinesse.

Faudet, curé de Saint-Étienne du Mont, rue Descartes, au Presbytère.

Pététot, curé de Saint-Roch, au Presbytère, rue Neuve-Saint-Roch.

Roquette, curé des Missions étrangères, rue du Bac, 98.

De Girardin, chanoine honoraire de Paris, rue Cassette, 32.

L'abbé Le Dreuille, premier aumônier du Val-de-Grâce, *secrétaire*, au Val-de-Grâce.

De Cormenin, rue Chauveau-Lagarde, 4.

De Melun, président de l'Œuvre des Apprentis, rue de Grenelle Saint-Germain. 33.

Cornudet, conseiller d'État, rue de Vaugirard, 63.

Bérard des Glajeux, président de l'Œuvre de la Propagation de la foi, rue Saint-Dominique, 21.

Baudon, président de la Société de Saint-Vincent de Paul, rue Lascases, 9.

De Lambel, rue Saint-Dominique, 33.

Rataud, secrétaire général de l'Œuvre des Familles, rue d'Enfer, 34.

—

ASSOCIATION GÉNÉRALE DE CHARITÉ.

Cette Association, fondée en novembre 1848 par monseigneur l'Archevêque de Paris pour tout son diocèse, a pour but : 1° de coordonner et d'étendre la charité chrétienne ; 2° d'unir entre elles toutes les bonnes œuvres existantes, de manière à les soutenir et à leur donner l'occasion de se développer.

L'Œuvre se compose d'une Association par paroisse, sous la présidence du Curé et d'un Conseil général siégeant à l'Archevêché et présidé par monseigneur l'Archevêque.

Font partie de l'Association générale : 1° tous les ecclésiastiques du diocèse ; 2° toutes les personnes qui demandent à être inscrites à leur paroisse pour les Œuvres de charité de l'Association, en s'engageant à verser une cotisation mensuelle de 50 centimes.

L'Association est dirigée dans chaque paroisse par un comité formé par M. le Curé et présidé par lui ; ce Comité distribue les fonds dont il dispose entre les différentes Œuvres de la paroisse, en proportion des besoins et des ressources de chacune d'elles.

Le Conseil général, présidé par monseigneur l'Archevêque, est formé des vicaires généraux, des présidents de chaque Association paroissiale, des présidents et présidentes de toutes les Œuvres générales désignés par Monseigneur, et des membres du Conseil d'administration.

Ce Conseil d'administration, dont les membres sont nommés par Monseigneur, est chargé de prendre toutes les mesures qui intéressent l'Association générale; il répartit, suivant les besoins, les fonds de la caisse centrale entre les Comités paroissiaux et les Œuvres fondées sous le patronage spécial de l'Association.

En appelant dans le Comité paroissial les représentants des autres Œuvres existant dans la même paroisse, l'Association générale n'a nullement prétendu porter atteinte à la mutuelle indépendance des Œuvres, mais seulement leur fournir le moyen de s'entendre et de se concerter pour échanger leur expérience, leurs renseignements, leurs services, et combler les lacunes que laissent encore les institutions actuelles dans le soulagement de la misère.

L'Œuvre est en pleine exécution dans plusieurs paroisses.

S'adresser pour les renseignements à M. l'abbé Le Dreuille, secrétaire de l'Association générale de charité, à l'Archevêché.

CHAPITRE PREMIER.

ŒUVRES EN FAVEUR DE L'ENFANCE ET DE L'ADOLESCENCE.

SOCIÉTÉ DE CHARITÉ MATERNELLE,

RUE MESNARS, 4.

La Société de *Charité maternelle*, fondée en 1788, a pour but d'assister les pauvres femmes en couches, de les aider et de les encourager à nourrir leurs enfants.

Elle secourt au moment de l'accouchement :

1° Les femmes devenues veuves pendant leur grossesse et ayant au moins un enfant vivant ;

2° Les femmes ayant déjà un enfant et un mari estropié ou atteint d'une maladie chronique ;

3° Celles qui sont infirmes et ont déjà deux enfants vivants ;

4° Celles qui, ayant deux enfants, accouchent de deux jumeaux ;

5° Celles qui ont déjà trois enfants vivants, dont l'aîné au-dessous de quatorze ans.

On compte les enfants de différents lits ; l'enfant de quatorze ans infirme est compté comme un enfant en bas âge.

La mère doit se présenter, dans le mois qui précède

l'accouchement, à la dame chargée du quartier qu'elle habite, avec l'acte de son mariage, un certificat de bonne conduite et d'indigence délivré par le bureau de bienfaisance, l'extrait de baptême de ses enfants; si elle est veuve, avec l'extrait mortuaire de son mari. Les infirmités doivent être constatées par un certificat de médecin et de chirurgien.

La mère s'engage à allaiter son enfant ou à le nourrir au lait.

Les secours peuvent être demandés dans le mois qui suit l'accouchement ; mais alors la Société ne se charge pas des frais de couches.

La Société, après l'admission, pourvoit aux dépenses de l'accouchement, fournit une layette à l'enfant, une indemnité de 5 francs par mois à la mère pendant dix mois. L'enfant dont la mère devient sérieusement malade est confié à une nourrice, et le secours mensuel peut alors être augmenté de 3 francs. Si la mère meurt, l'enfant est recueilli par la Société, qui peut lui accorder un secours de 5 francs par mois.

Un comité de quarante-huit dames se réunit au moins une fois par mois, et décide de l'admission et de la quotité des secours.

Chaque dame du comité est chargée d'un quartier de Paris ; elle reçoit les demandes, prend les renseignements sur les mœurs et les besoins des personnes qui, dans sa circonscription, réclament l'assistance de la Société, et, après l'admission, surveille l'emploi des secours.

La Société secourt par année à peu près huit cents familles Elle reçoit du Gouvernement une subvention annuelle de 40,000 francs, et du Conseil municipal de la ville de Paris 6,000 francs.

Le reste de ses dépenses est couvert par des souscriptions et autres revenus qui s'élèvent à 10,000 f. environ.

On souscrit au bureau de la Société, rue Mesnars, 4.

Liste des dames qui composent le Conseil d'administration, auxquelles les mères doivent se présenter et adresser leurs demandes, et qui distribuent les secours dans les douze *arrondissements de Paris.*

Vice-présidentes : Mesdames la marquise de Lillers, rue de Lille, 68 ; — La comtesse Beugnot, rue Matignon, 8 ; — Baradère, rue de l'Université, 35.

Trésorier : M. Charles Vernes, à la Banque.

Mesdames,

1er Arrondissement. — Comtesse de Montigny-Jancurt, rue de la Pépinière, 29 ; — Duchesse de Grammont, rue de la Ville-l'Évêque, 38 ; — La Maréchale Gérard, rue Neuve-de-Berri, 12 ; — Baronne de Mareste, rue Saint-Lazare, 93 ; — Comtesse Beugnot, rue Matignon, 8.

2e Arrond. — Boufflers, rue de Rivoli, 46 ; — Baronne James Mallet, rue de la Chaussée-d'Antin, 13 ; — Gabriel Odier, rue du Houssaye, 6,

3e Arrond. — Baradère, rue de l'Université, 35 ; — Comtesse de Sainte-Aulaire, rue Saint-Dominique, 61.

4e Arrond. — Vicomtesse de Saint-Aignan, quai d'Orsay, 31 ; — Delessert, rue Montmartre, 176 ; — Forestier, rue des Moulins, 1.

5e Arrond. — Plougoulm, boulevard de la Madeleine, 19 ; — Lefebvre, boulevard Bonne-Nouvelle, 34 ; — Lestapis, rue de la Tour-des-Dames, 2 ; — Grillon, boulevard Saint-Denis, 22 bis.

6e Arrond. — David, rue des Petites Écuries, 56 ; — De Rémusat, rue Meslay, 19 ; — Lemière, boulevard du Temple, 34 ; — De Létrange, rue d'Anjou au Marais, 8.

7e Arrond. — Collas, rue des Moulins, 28 ; — Delachaussée, rue Vieille-du-Temple, 117 ; — Lenoir, boulevard du Temple, 34.

8e Arrond. — Denis, rue Beautreillis, 6 ; — Bouillet, rue Thorigny, 12 ; — Bayvet, rue Saint-Louis au Marais, 44 ; — Frédéric Moreau, rue Saint-Lazare, 69.

9e Arrond. — Trébuchet, rue Royale-Saint-Antoine, 11 ; — Baronne de Charnacé, rue Neuve-Saint-Paul, 9 ; — Gabriel Delessert, rue Basse, à Passy ; — Bertrand, rue de Grenelle-Saint-Germain, 39.

10e Arrond. — Chapellier, rue de Seine-Saint-Germain ; — Comtesse Anatole de Montesquiou, rue Varennes, 60 ; — Vicomtesse de l'Espinasse, rue de Lille, 95 ; — Comtesse Fririon, rue de Bourgogne, 28.

11e Arrond. — Denizet, rue Soufflot, 1 ; — Marquise de Lillers, rue de Lille, 68 ; — Caussin de Perceval, rue Hautefeuille, 13 ; — Cochin, rue Saint-Guillaume, 23.

12e Arrond. — De Baudicour, rue d'Enfer, 43 ; — Guerbois, rue Saint-Jacques, 219 ; — Houette aîné, rue de Vaugirard, 34 ; — Cordier, rue Cuvier, 33.

ASSOCIATION DES MÈRES DE FAMILLE.

Cette Association, fondée en 1835, accorde des secours aux pauvres femmes en couches et à leurs enfants nouveau-nés qui ne peuvent être assistés par les bureaux de bienfaisance et la *Société de Charité maternelle*.

L'Association se compose de toute personne payant 3 francs par an ; elle est administrée par un conseil de douze présidentes chargées chacune d'un arrondissement, d'une trésorière, d'une secrétaire et d'une vice-secrétaire.

Pour être admises au secours, les mères doivent présenter leurs demandes à la présidente de leur arrondissement, avec l'acte de leur mariage civil et religieux, ou la preuve de leurs démarches auprès de la *Société de Saint-François-Régis*, l'acte de baptême de leurs enfants, et une attestation des sœurs de leur quartier que leur situation réclame des secours.

La présidente qui reçoit la demande charge une des conseillères de faire la visite, de prendre les renseignements, accorde le secours, s'il y a lieu, et en fait rapport au conseil à la prochaine séance. Nulle demande n'est reçue six semaines après l'accouchement.

Le secours consiste ordinairement en une layette pour l'enfant, et en vêtements pour la mère, tels que chemises, camisoles, couvertures ; en bons de pain, viande, bois, sucre, pour une somme fixée par le conseil, suivant les ressources de l'Œuvre.

L'Œuvre prête des draps, qui sont mis en dépôt chez les sœurs dans chaque arrondissement, et procure les secours gratuits des médecins et des sages-femmes.

Elle a une quête annuelle et des souscriptions à 3 fr.

Présidente : Madame Danloux-Dumesnil, rue de Londres, 54.

Trésorière : Madame Badenier, rue Meslay, 38.

Secrétaire : Madame Frédéric Lauras, rue Meslay, 11.

Vice-secrétaire : Madame Denion-Dupin, rue Paradis-Poissonnière, 51.

PRÉSIDENTES D'ARRONDISSEMENT.

1er Arrond. — Madame Lombard, rue Saint-Lazare, 108.

2e Arrond. — Madame Denion-Dupin, rue Paradis-Poissonnière, 51.

3e Arrond. — Madame J. Leroux, rue de l'Échiquier, 43.

4e Arrond. — Madame Adrien Cramail, place Saint-Germain-l'Auxerrois, 20.

5e Arrond. — Madame Mercier, rue du Château-d'Eau, 2.

6e Arrond. — Madame Beaugeois, rue Saint-Louis, 83.

7e Arrond. — Madame Bucquet, rue Pavée, 3, au Marais.

8e Arrond. — Madame André Lemoine, rue des Tournelles, 17.

9e Arrond. — Madame la baronne de Charnacé, rue Neuve-Saint-Paul, 15.

10e Arrond. — Madame Gaultier de Claubry, rue Taranne, 10.

11e Arrond. — Madame Carron, rue du Regard, 1.

12e Arrond. — Madame Hanriat-Valdruche, rue des Boulangers Saint-Victor, 36.

SOCIÉTÉ DES CRÈCHES

DU DÉPARTEMENT DE LA SEINE.

La Société des Crèches a pour but : 1° d'aider à fonder et à soutenir les Crèches nécessaires au département de la Seine ; 2° de perfectionner et de propager l'institution.

La Société est formée de trois classes de membres, savoir : de *membres titulaires*, de *membres honoraires*, de *membres correspondants.*

Sont *membres titulaires* toutes les personnes qui, agréées par le conseil d'administration, s'engagent à payer une *cotisation annuelle, dont le minimum est fixé à 6 francs.*

La Société accorde des secours *aux Crèches établies ou sur le point d'être établies, et dont les statuts et règlements ont reçu son approbation.*

Toute demande de secours doit être appuyée d'un *état de situation* dressé par le trésorier ou la trésorière de la Crèche et certifié conforme par son président.

Dans le cas d'une demande de secours, le conseil ou le comité nomme des *inspecteurs*, qui lui font connaître la situation de la Crèche en instance, les améliorations obtenues, et celles qu'on pourrait y introduire.

Président : M. F. Marbeau, rue Joubert, 47.

On peut s'adresser, pour les dons ou les souscriptions, à M. Reymond, *trésorier, rue Neuve-de-Berry,* 13.

CRÈCHES.

Ces établissements, dont le premier, fondé par M. Marbeau, a été ouvert le 14 novembre 1844, rue de Chaillot, sont destinés à recevoir des enfants depuis leur naissance jusqu'à deux ans.

A chaque Crèche sont attachés 1° un conseil d'administration chargé du budget ; 2° un comité de dames nommant et surveillant les inspectrices et les berceuses ; 3° un comité médical de cinq membres au moins, qui règle tout ce qui a rapport à la santé des enfants.

Les conditions d'admission sont : que la mère soit pauvre, ait une bonne conduite, et travaille hors de son domicile ; que l'enfant ait moins de deux ans, qu'il ne soit pas malade, qu'il ait été vacciné ou doive l'être bientôt.

Aucun enfant n'est reçu que sur le vu d'un bulletin d'admission signé par la dame chargée d'admettre et visé par un médecin du comité.

La mère paye 20 c. par jour de présence, et seulement 30 c. quand elle a deux enfants ; elle fournit le linge nécessaire pour la journée ; elle vient allaiter exactement son enfant aux heures de repas, et pourvoit à la nourriture de celui qui est sevré ; elle reprend l'enfant chaque soir, et le garde chez elle tous les jours fériés et quand elle est retenue au logis.

Les dames, les médecins et les membres du comité administratif veillent à ce qu'on donne aux enfants les aliments et les soins convenables à leur âge. Un médecin visite la Crèche tous les jours.

Toutes les réclamations doivent être adressées à madame la présidente ou à madame la trésorière.

SITUATION DES CRÈCHES DANS LE DÉPARTEMENT DE LA SEINE.

1er Arrond. — Rue des Jardins, à Chaillot; — rue Saint-Lazare, 148 ; — rue du Faubourg-Saint-Honoré, 190; — rue Saint-Honoré, 357.

2e Arrond. — Rue Fontaine-Saint-Georges, 26.

3e Arrond. — Rue Martel, 10.

5e Arrond. — Rue Saint-Sauveur, 7.

6e Arrond. — Rue du Temple.

7e Arrond. — Rue du Puits, 1.

8e Arrond. — Rue du Faubourg-Saint-Antoine, 170;—rue Popincourt, 70;—rue de Reuilly, 93.

9e Arrond. — Rue Geoffroy-Lasnier, 18.

10e Arrond. — Rue de la Comète, 14 ; rue du Cherche-Midi, 69.

11e Arrond. — Rue Servandoni, 16.

12e Arrond. — Rue de la Montagne-Sainte-Geneviève, 35 ; — rue de l'Épée-de-Bois, 1.

Arrond. de Sceaux, à Bercy.

Arrond. de Saint-Denis, à Belleville, à Batignolles-Monceaux, aux Thernes, à Neuilly, à Passy.

Les Crèches sont ouvertes tous les jours ouvrables de cinq heures et demie du matin jusqu'à huit heures et demie du soir, et fermées les jours fériés.

On peut les visiter tous les jours, à toute heure.

ŒUVRE PAROISSIALE

DES CRÈCHES A DOMICILE,

DE N.-D. DE LA SAINTE-ESPÉRANCE, A SAINT-SÉVERIN.

Cette Œuvre est établie pour donner aux pauvres enfants nouveau-nés et à leurs mères des soins aussi complets que possible, et pour préserver les enfants des variations d'atmosphère et des accidents qu'ils pourraient éprouver par suite de leur transport dans une Crèche commune.

L'Œuvre prête, sur reçu, aux familles des berceaux en fer garnis; et, en les retirant, les remplace au besoin par le don d'une bercelonnette en osier.

Les dames de l'Œuvre visitent les enfants, s'assurent qu'ils sont bien soignés et proprement tenus, leur envoient un médecin, s'ils sont malades, et leur portent, ainsi qu'aux mères, outre des *secours en nature*, la demi-layette du premier âge, qui doit être remplacée au bout de quelque temps et à diverses reprises. Elles procurent de l'ouvrage aux mères pour qu'elles quittent le moins possible leurs enfants.

Les conditions à remplir par les parents sont :

1° Qu'ils soient domiciliés sur la paroisse depuis un an ou six mois au moins, et aient l'intention d'y rester pendant le temps de la nourriture des enfants. S'ils quittaient la paroisse avant ce temps, ou mettaient leur enfant en nourrice, ils perdraient tout droit aux secours de l'Œuvre ;

2° Qu'ils soient réellement pauvres, et ne payent pas un loyer au-dessus de 160 fr. au plus ;

3° Qu'ils n'occupent pas une place de concierge ;

4° Que les époux soient mariés à l'Église, vivent ensemble et chrétiennement ;

5° Que le nouveau-né et ses frères et sœurs soient baptisés, et fréquentent, s'ils sont en âge de le faire, les catéchismes de la paroisse ;

Les divers dons en argent et en nature doivent être remis à M. le Curé de Saint-Séverin, directeur de l'Œuvre.

SALLES D'ASILE.

Les Salles d'asile ont été instituées pour recevoir pendant le jour les petits enfants des deux sexes que leurs parents ne peuvent garder et surveiller chez eux.

Les enfants sont reçus dans les Salles d'asile depuis deux ans jusqu'à six. Ils sont confiés à une directrice et à plusieurs surveillantes.

L'admission au-dessous de deux ans et au-dessus de six ne peut avoir lieu que sur l'autorisation de la dame inspectrice.

Les enfants apprennent les premières notions de religion, de lecture, d'écriture, de calcul, de chant, et les premiers travaux manuels.

Une commission de dames est chargée de la surveillance des Salles d'asile.

A Paris, l'admission d'enfants aux Salles d'asile est gratuite; ils y passent toute la journée; ils doivent y apporter leur nourriture et être conduits par leurs parents, qui viennent aussi les chercher.

Pour faire admettre un enfant, il suffit de le présenter à la Salle d'asile de son quartier, avec un certificat constatant qu'il a été vacciné et qu'il n'a pas de maladies contagieuses.

Les Asiles sont ouverts tous les jours, du 1er mars au 1er novembre, de sept heures du matin à sept heures du soir.

Du 1er novembre au 1er mars, de huit heures du matin à six heures du soir. Un médecin est attaché à chaque Asile, et doit le visiter au moins une fois par semaine.

Les personnes qui veulent assister à quelques-uns des exercices peuvent être admises par les surveillantes.

Les dépenses du loyer, indemnités aux directrices, frais de mobilier, sont à la charge de la ville de Paris.

Les dons et souscriptions en faveur des pauvres enfants admis dans les Salles d'asile sont reçus par MM. *Mallet frères*, banquiers, trésoriers du comité, rue de la Chaussée-d'Antin, n. 13.

Les Salles d'asile de Paris ont une déléguée spéciale (madame Milet, rue de Londres, 51) chargée de l'inspection quotidienne de ces établissements. — Mesdames Chevrau-Lemercier et Doubet sont déléguées du ministère de l'instruction publique pour l'inspection des Salles d'asile des départements.

Les asiles reçoivent à peu près huit mille enfants.

SITUATION DES SALLES D'ASILE.

1er Arrond. — Rue de la Bienfaisance. — Rue de Ponthieu, 65. — Rue de Longchamp, 29. — Rue du Banquet. — Rue Saint-Honoré, 357.

2e Arrond. — Rue Neuve-Coquenard, 17.

3e Arrond. — Rue des Petits-Hôtels.

4e Arrond. — Halle aux Draps.

5e Arrond. — Rue des Récollets, 21 et 27. — Cour des Miracles, 4.

6e Arrond. — Rue de la Vieille-Monnaie, 12. — Rue d'Angoulême, 42.

7e Arrond. — Rue de l'Homme-Armé, 2. — Rue du Renard-Saint-Méry, 5.

8e Arrond. — Rue de Charonne, 37.— Rue de Montreuil, 20.— Rue Traversière-Saint-Antoine, 9.— Rue Popincourt, 37. — Place Royale.

9e Arrond. — Passage Saint-Pierre. — Quai d'Anjou, 33.

10e Arrond. — Rue de Varennes, 9.— Rue Saint-Dominique, Gros-Caillou, 188. — Rue des Brodeurs, 20.

11e Arrond. — Rue du Pont-de-Lodi, 2. — Rue Madame, 12. — Rue des Grès, 11. — Rue de Vaugirard, 109.

12e Arrond. — Rue Saint-Hippolyte, 15. — Impasse des Bœufs. — Rue de Pontoise. — Rue de la Glacière. — Rue du Faubourg Saint-Jacques. — Rue des Ursulines.

GARÇONS.

ÉCOLES CHRÉTIENNES DES FRÈRES,

FONDÉES EN 1681

PAR LE VÉNÉRABLE ABBÉ DE LA SALLE.

Les *Frères des Écoles chrétiennes* se vouent à l'éducation des classes pauvres. Ils ont à Paris des écoles primaires où sont admis gratuitement les garçons de sept à douze ans. Les Frères leur enseignent la lecture, l'écriture, le calcul, l'histoire sainte et le catéchisme, la grammaire, quelques notions d'histoire, de géographie et de dessin linéaire.

Les classes sont ouvertes le matin de huit heures à onze, et l'après-midi de une heure et demie à cinq heures l'été, et à quatre heures et demie l'hiver.

Dans quelques écoles, les enfants sont conservés depuis le matin jusqu'à quatre heures et demie.

Pour être admis à la classe, il faut justifier qu'on a été vacciné, qu'on n'est atteint d'aucune maladie contagieuse, et apporter son extrait de baptême.

Les enfants des écoles sont conduits le dimanche, par les Frères, à la messe, au catéchisme et à vêpres.

Les écoles des Frères, dans chaque arrondissement, sont sous la surveillance des autorités instituées par la loi ; et les frais de logement, l'indemnité aux Frères et toutes les dépenses de l'éducation sont à la charge de la ville de Paris.

Chaque soir, dans différents quartiers de Paris, les Frères font l'école aux adultes de vingt ans et au-dessus; l'enseignement est le même que pour les enfants, en y ajoutant le dessin de figure et l'ornement.

A Paris, il existe quatorze maisons de Frères, trente-neuf écoles d'enfants, y compris le demi-pensionnat, huit écoles d'adultes, cinq d'apprentis. 133 Frères font la classe à 13,416 enfants et à 2,265 adultes.

La statistique générale de l'Institut, pour l'année 1851, est de 639 établissements, 1,195 écoles, 3,687 classes, 260,000 élèves, dont 24,000 adultes.

État et situation des maisons des Frères des Écoles chrétiennes établies à Paris.

I. — *Maison principale*, rue Oudinot, 27.

Résidence du supérieur général et des noviciats.

Cette maison a en outre sous sa dépendance une école de deux classes, rue de Varennes, 14.

II. — *Saint-Pierre de Chaillot*, rue des Jardins.

Cette maison a deux écoles du jour et sept Frères.

1re Rue des Jardins, trois classes d'enfants.

2e Rue de Courcelles, deux classes d'enfants.

III. — *Saint-Augustin*, rue de la Bienfaisance, 6.

Cette maison a sous sa dépendance quatre écoles d'enfants, une d'apprentis et une d'adultes; vingt et un Frères.

1re Rue de la Bienfaisance, 6, quatre classes du jour.

Idem, quatre classes d'adultes, de huit à dix heures du soir.

2e Rue d'Orléans (Batignolles-Monceaux), trois classes.

3e Rue Saint-Lazare, 106, trois classes du jour; trois d'apprentis.

4e Rue Saint-Honoré, trois classes.

Classe de chant, trois fois par semaine.

IV. — *Saint-Roch*, rue d'Argenteuil, 37.

Cette maison a une école de jour et une école d'adultes; neuf Frères.

École du jour, six classes. (2e Arrond.)

Idem du soir, quatre classes.

Il y a leçon de chant deux fois par semaine.

V. — *Notre-Dame de Lorette*, rue Coquenard, impasse Saint-Guillaume.

Cette maison a une école du jour, avec trois classes et quatre Frères.

VI. — Impasse Saint-Eustache.
(3e Arrond.)

Cette maison a une école de trois classes; quatre Frères.

VII.—*Saint-Germain l'Auxerrois*, rue Jean-Lantier, 3.

Cette maison a deux écoles du jour et onze Frères.

1re Rue Jean-Lantier, 3. quatre classes. (4e Arrond.)

2e Rue Salle-au-Comte, 14. cinq classes (4e Arr.)

A chaque école, il y a trois leçons de chant par semaine.

VIII. — Rue du Faubourg-Saint-Martin, 159.

Cette maison comprend deux écoles du jour et dix Frères.

1re Rue des Récollets, 25, quatre classes. (5e Arr.)

2e Rue de Chabrol, 61, quatre classes. (3e Arrond.)

Classe de chant.

IX. — *Saint-Nicolas des Champs*, rue Montgolfier, 1.

Cette maison comprend six écoles d'enfants, une d'apprentis et une d'adultes; quarante et un Frères.

1re Rue Montgolfier, 1, six classes. (6e Arrond.)

2e Cour des Miracles, trois classes. (4e Arrond.)

3e Rue Neuve-Saint-Merry, 18, trois classes. (7 Ar.)

4e Rue des Blancs-Manteaux, 77, trois classes. (7e.)

5e Rue d'Angoulême, trois classes. (6e Arrond.)

6e Rue de la Rotonde, 6, deux classes. (6e Arrond.)

Leçon de chant dans toutes les écoles.

Rue Montgolfier, deux classes d'apprentis.

Idem, sept classes d'adultes.

X. — *Sainte-Marguerite*, rue Saint-Bernard, 28.

Cette maison renferme quatre écoles du jour, une d'apprentis et une d'adultes; 25 Frères.

1re Rue Saint-Bernard, 28, cinq classes d'enfants.

Idem, cinq classes d'adultes. (8e Arrond.)

2e Impasse des Minimes, trois classes d'enfants. (8e.)

3e Rue de Reuilly, 21, cinq classes d'enfants. (8e.)

Classe de chant à toutes les écoles.

Rue de Charonne, 100, trois classes d'enfants, trois classes d'apprentis. (8e Arrond.)

XI.—*Ile Saint-Louis*, rue Saint-Louis en l'Ile, 73.

Cette maison possède quatre écoles; quatorze Frères.

1re Rue Saint-Louis en l'Ile, 73, trois classes. (9e.)

2e Cloître Notre-Dame, trois classes. (9e Arrond.)

3e Rue Neuve-Saint-Paul, 2, trois classes. (9e Arr.)

4e Rue des Bernardins, 12, trois classes. (12e Arr.)

Classe de chant à toutes les écoles.

XII. — *Gros-Caillou*, Rue Saint-Dominique Saint-Germain, 188.

Cette maison n'a qu'une école du jour et une du soir, de sept heures à neuf heures et demie; quatorze Frères.

Écoles du jour, sept classes. (10e Arrond.)

Écoles d'adultes, cinq classes.

XIII. — *Saint-Sulpice*, rue de Fleurus, 6.

Cette maison possède sept écoles d'enfants et une d'adultes; vingt-sept Frères.

1re Rue de Fleurus, 6, trois classes. (11e Arrond.)

2e Rue des Fossés-Saint-Victor, 45, trois classes. (12e Arrond.)

3e Rue d'Enfer, à l'Hospice des Enfants trouvés, deux classes. (11e Arrond.)

4e Rue Saint-Benoît, 12, quatre classes. (10e Arr.)

5e Rue de Grenelle, 25, deux classes. (10e Ar.)

6e Rue du Foin-Saint-Jacques, trois classes. (11e Ar.)

7e Rue Vanneau, trois classes.

Rue de Fleurus, 6, quatre classes d'adultes.

Classe de chant dans toutes les écoles.

XIV. — *Saint-Médard*, rue des Francs-Bourgeois Saint-Marcel, 4.

Cette maison a trois écoles pour les enfants, et onze Frères.

1re Rue des Francs-Bourgeois Saint-Marcel, 4, trois classes. (12e Arrond.)

2e Rue Saint-Jacques, 277, trois classes.

3e Rue du Banquier, trois classes.

ÉCOLES COMMUNALES LAIQUES.

GARÇONS.

1er Arrond. — Rue de l'Arcade, 60. — Rue du Faubourg-Saint-Honoré, 162. — Rue de Longchamp, 35. — Rue de la Réforme, 39.

2e Arrond. — Rue Coquenard, 17. — Rue du Faubourg-Montmartre, 60. — Rue de Clichy (Collége Chaptal), 34.

3e Arrond. — Rue du Gros-Chenet, 21. — Rue de Paradis-Poissonnière, 20.

4e Arrond. — Halle aux-Draps.

5e Arrond. — Rue des Récollets, 1. — Rue des Vinaigriers, 17.

6e Arrond.—Rue Sainte-Élisabeth, 8.—Rue Neuve-Saint-Laurent, 14.

7e Arrond. — Rue de l'Homme-Armé, 2.— Rue du Renard-Saint-Merry. — Rue des Billettes, 18. — Marché des Blancs-Manteaux.

8e Arrond.— Rue Traversière-Saint-Antoine, 15.— Rue de Charonne, 37. — Rue Saint-Ambroise-Popincourt, 2.

9e Arrond. — Rue Grenier-sur-l'Eau, 2.

10e Arrond. — Rue du Bac, 109. — Rue de Sèvres, 11.

11e Arrond. — Rue des Grands-Augustins, 6. — Rue Racine, 10. — Rue des Grès, 11. — Rue de Vaugirard, 109.

12e Arrond. — Rue de Pontoise, 21. — Rue Saint-Hippolyte, 15. — Rue Saint-Jean de Latran, 22.

ÉTABLISSEMENT DE SAINT-NICOLAS,

RUE DE VAUGIRARD, 112.

SUCCURSALE A ISSY, GRANDE-RUE, 36.

L'*Établissement de Saint-Nicolas*, fondé par Monseigneur Bervanger est destiné aux enfants pauvres, auxquels leurs protecteurs veulent donner une éducation chrétienne et l'instruction nécessaire aux classes ouvrières, et à ceux que leurs familles ne peuvent faire élever qu'à un prix très-inférieur à toutes les pensions et institutions de Paris.

La pension est de 20 francs par mois pour les orphelins de père et de mère, et de 25 francs pour les autres enfants.

On paye 20 fr. en sus, en entrant, pour tous les frais d'habillement, de literie, d'entretien, etc. Les enfants sont reçus depuis l'âge de cinq ans.

Divers ateliers existent dans la maison pour les jeunes garçons qui, élevés à *Saint-Nicolas* et y ayant fait leur première communion, veulent continuer dans l'établissement leur apprentissage. Cet apprentissage dure quatre ans; les deux ou trois premières années, les apprentis payent 25 francs par mois; ils sont au pair pour la dernière.

Les parents et les protecteurs sont reçus le dimanche, de une heure à quatre heures. Pour faire entrer un enfant, il faut s'adresser à M. le directeur, tous les jours jusqu'à midi, et apporter l'extrait de baptême de l'enfant, et, s'il est orphelin, l'acte de décès des parents.

Il a été fondé en 1840 une succursale de Saint-Nicolas à l'ancien château d'Issy ; les enfants y sont reçus aux mêmes conditions.

Les deux établissements reçoivent sept cents enfants.

L'instruction comprend la lecture, l'écriture, le calcul, le dessin linéaire, la grammaire, les premières notions d'histoire et de géographie, le chant et la gymnastique.

L'établissement de Saint-Nicolas a chaque année une quête et une souscription de 5 francs.

ASILE-ÉCOLE FÉNELON.

L'Asile-École Fénelon, situé à Vaujours (Seine-et-Oise) à 20 kilomètres de Paris, et reconnu comme établissement d'utilité publique en janvier 1852, reçoit les jeunes garçons pauvres, orphelins ou abandonnés, du département de la Seine et du département de Seine-et-Oise, de trois à douze ans.

La pension annuelle est de 200 fr.

Il y a en ce moment 400 enfants, dont 100 orphelins du choléra ont été placés par la ville de Paris. Ils sont spécialement appliqués aux travaux de l'agriculture et du jardinage.

L'Asile-Ecole est dirigé et soutenu par une Société dont les membres payent une cotisation de 50 fr.

S'adresser, pour l'admission des enfants, à M. Delapalme, conseiller à la Cour de cassation, rue Greffulhe, 6.

MAISON

DES ORPHELINS DE S.-VINCENT DE PAUL,

PLACÉE SOUS LE PATRONAGE DE MONSEIGNEUR L'ARCHEVÊQUE DE PARIS.

Un Asile a été ouvert l'an dernier (rue de l'Arbalète, 39 *bis*, faubourg Saint-Marcel) pour recueillir les jeunes garçons orphelins de père ou de mère, de sept à douze ans.

Le prix de l'admission est de 20 fr. par mois et une somme de 20 fr. une fois payée à l'entrée pour literie, etc.

S'adresser à l'Asile, rue de l'Arbalète, 39 *bis*.

SOCIÉTÉ DES AMIS DE L'ENFANCE,

SOUS LA PROTECTION DE JÉSUS ENFANT.

La *Société des Amis de l'Enfance* s'occupe de l'éducation et de l'apprentissage des jeunes garçons pauvres de la ville de Paris.

Elle prend entièrement à sa charge les enfants sans parents ou sans protecteurs.

Elle adopte aussi ceux pour lesquels la charité particulière ou d'autres associations charitables consentent à payer une partie des dépenses; elle complète alors la somme nécessaire à l'éducation.

Enfin elle accepte le patronage d'enfants dont les frais d'éducation ne sont pas à sa charge, et s'engage à leur accorder sa surveillance et sa protection.

Les orphelins, les abandonnés, ceux qui ne peuvent sans danger rester dans leurs familles, sont placés, à ses frais et sous sa surveillance, soit à Saint-Nicolas, soit à l'Asile Fénelon.

Les jeunes garçons pauvres qui n'ont rien à craindre des mauvais exemples de leurs parents sont secourus à domicile; la Société leur désigne un protecteur qui veille à leur exactitude à l'école et à l'église.

A douze ans, après la première communion, les protégés des Amis de l'Enfance entrent chez des maitres que la Société choisit; elle pourvoit à toutes leurs dépenses, et les surveille dans les ateliers.

La Société a ouvert à ses protégés, rue Culture-Sainte-Catherine, 38, sous le nom de *Maison de famille,* un refuge où ils trouvent à toute heure du jour et de la nuit, pendant leur apprentissage, un abri quand l'atelier chôme, des soins quand ils sont malades, et des vêtements régulièrement renouvelés toutes les semaines, et où ils passent la journée du dimanche.

La Société se compose d'un nombre illimité de membres, payant 20 francs par an; elle est dirigée par un conseil, qui s'assemble le troisième vendredi de chaque mois, prononce des admissions et exerce la surveillance sur les enfants adoptés.

Les enfants ne sont reçus qu'à huit ans accomplis et avant quatorze. Toute demande d'admission doit être adressée au secrétaire du conseil, M. Adrien Cramail, place Saint-Germain l'Auxerrois, 20.

Elle doit énoncer le nom, l'âge de l'enfant, la demeure des parents et protecteurs, leurs professions, le nombre des frères et des sœurs, les motifs qui peuvent justifier l'admission, et les offres faites par les parents ou protecteurs, pour aider aux frais de l'éducation. Nulle demande n'est admise si elle n'est accompagnée de l'acte de baptême de l'enfant. Des bulletins indicatifs de tous les renseignements exigés se trouvent chez le secrétaire du conseil.

Outre la cotisation de ses membres, la Société a pour ressources une quête et une loterie annuelles et des souscriptions de 6 francs par an.

Les dons et souscriptions sont reçus chez M. Eugène Cauchy, trésorier de l'Œuvre, rue de Tournon, 12.

OEUVRE

DES APPRENTIS ET JEUNES OUVRIERS,

SOUS LA PRÉSIDENCE DE MGR L'ARCHEVÊQUE DE PARIS ET AVEC LE CONCOURS DES FRÈRES DES ÉCOLES CHRÉTIENNES.

L'*Œuvre des Apprentis* a pour but :

1° De placer chez des maîtres sûrs et habiles les enfants à la sortie des écoles, et de les surveiller pendant le temps de leur apprentissage ;

2° D'ouvrir des écoles du soir pour les enfants occupés dans les ateliers et les manufactures à l'heure où finit le travail, et de les réunir pendant la journée du dimanche sous la direction et la surveillance des Frères. Les apprentis et les jeunes ouvriers trouvent dans ces réunions les offices, l'instruction religieuse et des récréations.

Tous les trois mois des récompenses sont accordées aux plus sages et des secours aux plus pauvres.

Les réunions du dimanche et les classes du soir pendant la semaine sont ouvertes : rue de Charonne, 100; rue Ferdinand-Berthoud, 2; rue Saint-Lazare, 106; rue d'Argenteuil, 37.

L'Œuvre a dans ses établissements et sous son patronage près de 1,000 apprentis.

Elle est dirigée par un conseil d'administration. Un comité d'apprentissage et de placement est chargé de la surveillance des apprentis et de la distribution des récompenses et des secours. Il s'occupe dans chaque arrondissement du choix des maîtres, de la rédaction du contrat d'apprentissage, et veille aux intérêts industriels de l'enfant.

L'Œuvre a pour ressources une quête et une loterie annuelles, des subventions des ministres de l'Intérieur et de l'Instruction publique et des souscriptions.

Une souscription de 100 francs donne le titre de protecteur de l'Œuvre.

Les demandes d'admission au placement et au patronage doivent être adressées au frère directeur de la maison des Frères :

Rue Saint-Lazare, 106 (pour le 1er arrondissement);

Rue Ferdinand-Berthoud, 2 (pour le quartier Saint-Denis);

Rue d'Argenteuil, 37 (pour le 2e arrondissement);

Rue de Charonne, 100 (pour le quartier Saint-Antoine);

Ou à M. le vicomte de Melun, président du conseil d'administration, rue de Grenelle Saint-Germain, 33.

Les dons et souscriptions sont reçus :

Chez M. le curé de Saint-Roch, rue Neuve-Saint-Roch, 8 ;

Madame la comtesse de Kersaint, trésorière du comité de patronage, rue d'Aguesseau, 15 ;

M. Thayer, trésorier général de l'Œuvre, rue Saint-Dominique, 19.

OEUVRE DU PATRONAGE DES ENFANTS DE SAINT-VINCENT DE PAUL.

Dans la *Société de Saint-Vincent de Paul,* des membres nommés par chaque circonférence s'occupent spécialement du patronage des enfants des familles visitées par la Société, de leur surveillance aux écoles, et de leur placement en apprentissage.

Ils sont chargés de faire aller les enfants chez les Frères, de les visiter à l'école une fois par semaine, de prendre leurs notes, et, à la fin de chaque mois, de distribuer des récompenses en livres, vêtements, etc., à ceux qui ont le mieux mérité.

Des secours extraordinaires sont aussi accordés par ces conférences aux familles des enfants dont on est le plus content.

Après la première communion, les enfants sont placés par les soins du Patronage, qui choisit le maître, réserve dans le contrat d'apprentissage le temps nécessaire à l'exercice des devoirs religieux, fait visiter les apprentis dans leurs ateliers, et les réunit le dimanche.

Des écoles du jour et du soir, et des réunions du dimanche ont été établies rue du Regard, 14; rue de l'Estrapade, 11; rue Saint-Quentin, 26; rue de la Roquette, 95; rue de Chaillot, à l'École des Frères; à Grenelle, à Sceaux et à Paris.

Les ressources principales du Patronage consistent dans une loterie annuelle.

Les lots et dons sont reçus chez M. Bourlez, président de l'Œuvre du Patronage, rue Cassette, 33.

ŒUVRE DE SAINT-JEAN.

L'*Œuvre de Saint-Jean*, fondée le 15 août 1838, en mémoire de M. l'abbé Landrieu, curé de Sainte-Valère et de Saint-Pierre, est exclusivement consacrée aux enfants pauvres appartenant aux deux paroisses de Sainte-Valère et de Saint-Pierre du Gros-Caillou. Elle s'occupe de les placer en apprentissage, de les surveiller chez les maîtres et dans leurs familles, et les réunit le dimanche à l'école des Frères, pour les faire assister aux offices et à des instructions sur la religion et les devoirs de leur état. Elle récompense la bonne conduite des apprentis et leur exactitude à la réunion du dimanche par une distribution de bons de pain, de vêtements, etc.

Elle leur prête de bons livres.

Elle exerce aussi son patronage et sa surveillance sur quelques enfants qui n'ont pas encore fait leur première communion et suivent l'école des Frères; elle place exceptionnellement, à Saint-Nicolas, quelques orphelins du Gros-Caillou. Plus de cent soixante jeunes gens sont à sa charge et sous sa protection.

Les offrandes et les demandes d'admission peuvent être adressées à M. le comte de Lambel, secrétaire, rue Saint-Dominique, 33; ou à M. Chomet, rue Saint-Dominique, 195.

L'Œuvre a une quête et une loterie annuelles et des souscriptions.

SOCIÉTÉ

POUR LE PLACEMENT EN APPRENTISSAGE DES JEUNES ORPHELINS,

FONDÉE EN 1822, ET RECONNUE COMME ÉTABLISSEMENT D'UTILITÉ PUBLIQUE EN 1839.

Cette Société adopte et place en apprentissage, sans listinction de nation et de culte, lorsqu'ils ont onze ıns révolus, les jeunes garçons pauvres qui ont perdu eur père et leur mère, ou leur père seulement. Ceux qui ont perdu leur mère, lorsque le père est inconnu, ›u d'un dangereux exemple, ou qu'il les a abandonnés; les enfants naturels sans secours; les fils d'un ındigent reçu dans un hospice d'incurables ou d'aiénés; les fils d'un condamné à plus de deux ans de létention ou des détenus pour dettes, lorsqu'ils ne peuvent être assistés par leur famille.

La Société pourvoit complétement à l'entretien de ses protégés, les envoie chaque soir et le dimanche lans une école spéciale, et les fait visiter par un de ses membres.

Chaque apprenti coûte à la Société à peu près 500 fr.

L'Œuvre est administrée par un conseil présidé par M. Amédée Thayer, rue Saint-Dominique, 19.

Toutes les demandes doivent être adressées à M. Dubail, rue des Saints-Pères, 13; et les dons, à M. Edmond Mallet, trésorier, rue de la Chaussée-d'Antin, 13.

L'agent de la Société est M. Rousseau, rue des Quatre-Fils, 4.

La Société a une séance générale annuelle, où elle distribue des prix et des encouragements aux apprentis qui ont mérité le mieux pendant l'année.

Elle a pour ressources des souscriptions, une quête annuelle, un concert et une loterie.

ASSOCIATION

DES FABRICANTS ET ARTISANS

POUR L'ADOPTION DES ORPHELINS DES DEUX SEXES,

FONDÉE LE 4 DÉCEMBRE 1829.

L'Association adopte les enfants des deux sexes aux mêmes conditions que la Société pour le placement des jeunes orphelins, lorsqu'ils ont l'âge de dix ans.

Toute personne qui verse une somme de 500 fr., ou après avoir donné 200 fr. s'engage à remettre 100 fr. par an pendant trois ans, a droit de faire admettre immédiatement un enfant.

L'Œuvre a en ce moment cinquante-sept enfants à sa charge.

Président : M. A. Michelot, rue de la Chaise, 24.

Trésorier : M. Paul Michelot, *ibid.*

Vice-trésorier : M. Émile Leguay, boulevard de l'Hôpital, 47.

Agent : M. Chapier, rue Neuve-Saint-Merry, 11.

Conservatrices des trousseaux chargées de recevoir les effets d'habillement que l'on veut bien envoyer :

Madame Leguay, à la Salpêtrière.

Madame Ducholet, rue de la Verrerie, 2.

OEUVRES

DES CATÉCHISMES ET DES PAROISSES

POUR LES JEUNES GARÇONS.

Dans presque toutes les paroisses de Paris, des quêtes se font pour fournir à l'habillement des enfants pauvres qui vont faire leur première communion; dans quelques-unes, des associations se sont formées dans les catéchismes de première communion et de persévérance pour placer ces enfants et les surveiller en apprentissage.

A l'Abbaye-aux-Bois, le conseil de cette Œuvre,

dite de l'*Enfant-Jésus*, présidé par M. le curé, ne peut être composé que de jeunes demoiselles n'ayant pas encore fait leur première communion.

A Saint-Thomas, l'Œuvre est divisée en deux sections, sous la présidence de M. le curé.

CONFÉRENCES DES CATÉCHISMES.

Dans plusieurs catéchismes de persévérance, il s'est formé des petites Conférences de Saint-Vincent de Paul. Ces Conférences vont, sous la conduite de leurs parents ou de leurs maîtres, visiter les pauvres et leur porter quelques secours. C'est pour eux un heureux apprentissage de la charité.

Il existe de semblables Conférences dans les catéchismes de Saint-Sulpice, Saint-Louis-d'Antin, Saint-Jacques-du-Haut-Pas, Saint-Philippe-du-Roule, Saint-Augustin.

Ces Conférences se tiennent en union intime avec les Conférences ordinaires de Saint-Vincent de Paul, et se concertent avec elles pour la bonne direction de leurs œuvres. Elles ont un bureau composé d'un président, secrétaire et trésorier, et que dirige le prêtre chargé du catéchisme.

JEUNES FILLES.

ÉCOLES DES SŒURS.

Les *Sœurs de Saint-Vincent de Paul* tiennent, sous l'inspection du Conseil de l'instruction publique, des écoles où les jeunes filles de huit à quatorze ans reçoivent gratuitement l'éducation religieuse et l'instruction primaire.

Les classes s'ouvrent de huit à onze heures du matin, et dans l'après-midi de deux à quatre heures.

Auprès de presque toutes les écoles sont établis des ouvroirs où les jeunes filles sont exercées aux travaux d'aiguille pendant une grande partie de la journée.

Dans les écoles, on apprend à lire, à écrire, à calculer, ainsi que la grammaire, la géographie, le catéchisme, l'histoire sainte et le chant.

Dans les ouvroirs, la broderie, la couture, le repassage, etc.

Lieux où sont situés les Classes et les Ouvroirs.

1er ARRONDISSEMENT.

Rue de la Ville-l'Évêque, 11. . *Ouvroir*.
Grande-Rue de Chaillot, 62. Id.

IIe ARRONDISSEMENT.

Rue Saint-Roch, 9. *Ouvroir.*
Rue de Bellefonds, 7.

IIIe ARRONDISSEMENT.

Rue de la Jussienne, 16. *Ouvroir.*

IVe ARRONDISSEMENT.

Place du Louvre, 14. *Ouvroir.*

Ve ARRONDISSEMENT.

Rue d'Enghien, 13. *Ouvroir.*
Rue du Faubourg-Saint-Martin, 105. Id.

VIe ARRONDISSEMENT.

Rue Quincampoix, 33. *Ouvroir.*
Rue du Vert-Bois, 10. Id.
Rue Frépillon, 6. Id.

VIIe ARRONDISSEMENT.

Cloître Saint-Merry, 10. *Ouvroir.*

VIIIe ARRONDISSEMENT.

Rue Saint-Bernard, 3. *Ouvroir.*
Rue Traversière Saint-Antoine, 62. Id.
Place Royale, 25. (*Classes tenues par les Dames de la Croix.*)

IXe ARRONDISSEMENT.

Rue du Fauconnier, 7. *Ouvroir.*

Rue Poultier, 3. *Ouvroir.*

Rue du Cloitre Notre-Dame, 18. Id.

Xe ARRONDISSEMENT.

Rue Saint-Benoit, 14. *Ouvroir.*

Rue Saint-Dominique, 185. Id.

Rue Saint-Guillaume, 13. Id.

Rue de Sèvres, 104. (*Classes tenues par les religieuses de la Congrégation de Notre-Dame.*)

Au Gros-Caillou, à l'église Saint-Pierre, *classes d'adultes femmes.*

XIe ARRONDISSEMENT.

Rue Saint-André-des-Arts, 49. *Ouvroir.*

Rue de Vaugirard, 78. Id.

Rue Saint-Séverin. (*Classes tenues par les Dames de Sainte-Marie.*)

XIIe ARRONDISSEMENT.

Rue Saint-Jacques, 255. *Ouvroir.*

Rue de l'Épée-de-Bois, 3.

Rue des Bernardins, 34. *Ouvroir.*

Dans plusieurs de leurs maisons, les Sœurs recueillent des orphelines et des jeunes filles pauvres qu'elles logent, nourrissent, entretiennent et conservent jusqu'à l'âge de leur placement.

MAISONS DES SOEURS QUI REÇOIVENT DES PENSIONNAIRES PAUVRES OU ORPHELINES.

Gros-Caillou, 80 pensionnaires ; Saint-Merry, 55 ; Blancs-Manteaux, 40 ; Missions, 200 (V. *Maison de la Providence*) ; Notre-Dame, 40 ; Saint-Étienne, 14 ; Saint-Eustache, 20 ; Saint-Germain l'Auxerrois, 50 ; Saint-Germain des Prés, 30 ; Notre-Dame de Lorette, 20 ; Saint-Louis en l'Ile, 100 ; la Madeleine, 70 ; Saint-Nicolas-du-Chardonnet, 40 ; Saint-Paul, 40 ; Ouvroir Saint-Roch, rue de l'Ouest, 40 ; rue Saint-Sauveur, 46 ; Saint-Vincent de Paul, 30 ; Saint-Thomas d'Aquin, 20 ; Bonne-Nouvelle, 30.

Ces enfants sont gardées ordinairement de sept à vingt ans. Un grand nombre est reçu gratuitement ; les autres à raison de 15 fr. par mois ; on paye jusqu'à quatorze ou seize ans ; le reste de la dépense est couvert par le travail des enfants et à l'aide de loteries particulières et de dons.

A l'établissement de Siry, appartenant aux Sœurs de Saint-Roch, le prix de la pension est de 300 fr. pour les plus jeunes, et diminue à mesure que les enfants grandissent.

Il existe en outre des écoles gratuites et des ouvroirs dans presque tous les couvents de Paris :

Chez les Dames du Sacré-Cœur, rue de Varennes ;

Chez les Dames de la Congrégation de Notre-Dame, aux Oiseaux, rue de Sèvres;

Et rue du Faubourg du Roule;

A l'Abbaye-aux-Bois, rue de Sèvres;

A Saint-Thomas de Villeneuve, rue de Sèvres;

Aux Dominicains, rue de Charonne;

Aux Dames de Picpus;

Et chez les Sœurs des écoles chrétiennes, rue de la Roquette, 103.

— D'autres écoles, dont la ville de Paris fait les frais, et qui sont soumises à la juridiction du Conseil de l'instruction publique, sont dirigées par des maîtresses laïques.

Les enfants pauvres y sont admis gratuitement; l'instruction est la même que chez les Sœurs; seulement les écoles des Sœurs adoptent la méthode simultanée, et les autres l'enseignement mutuel.

Les écoles laïques sont établies :

1er Arrond. — Rue du Faubourg-Saint-Honoré, 162. — Rue Saint-Lazare, 148. — Rue de la Réforme. 30. — Rue de Longchamp, 35.

2e Arrond. — Rue Neuve-Coquenard, 5. — Faubourg-Montmartre, 70. — Rue du Hasard.

3e Arrond. — Rue de Paradis-Poissonnière, 30.

4e Arrond. — Halle aux Draps.

5e Arrond. — Rue des Vinaigriers, 17. — Cour des Miracles, 4.

6e Arrond. — Rue Sainte-Élisabeth, 8.—Rue Beaujolais, 7.

7e Arrond. — Rue de l'Homme-Armé, 2. — Rue des Hospitalières. — Rue des Billettes, 18. — Rue du Renard-Saint-Merry.

8e Arrond. — Rue de Charonne, 37. — Rue de la Roquette, 80. — Rue de Montreuil, 30. — Rue Traversière-Saint-Antoine, 15. — Rue Vieille-du-Temple, 90.

9e Arrond. — Rue Grenier-sur-l'Eau, 2. — Quai d'Anjou, 33. — Passage Saint-Pierre, 2.

10e Arrond. — Rue du Bac, 109.

11e Arrond. — Rue de Vaugirard, 109. — Rue des Grès, 11. — Rue de Madame, 12. — Rue du Pont-de-Lodi, 6. — Rue Saint-André-des-Arcs, 49.

12e Arrond. — Impasse des Bœufs. — Rue de Pontoise, 21. — Rue Saint-Hippolyte, 15.

ŒUVRE

DU PATRONAGE DES JEUNES OUVRIÈRES.

L'Œuvre du patronage, fondée en 1851 et associée à l'Œuvre des apprentis, adopte les jeunes filles à la sortie des écoles primaires ou des manufactures, se charge de leur placement après la première communion, règle les conditions de leur apprentissage, leur offre le dimanche, chez les Sœurs, une classe, une instruction religieuse et des récréations, donne à chacune d'elles une dame patronnesse qui la visite, encourage sa bonne volonté et entoure sa jeunesse d'une vigilance toute maternelle. L'Œuvre est établie sur les paroisses de la Madeleine, Saint-Germain l'Auxerrois, Saint-Eustache, Saint-Sulpice, Sainte-Marguerite et Saint-Médard.

Les dons et souscriptions, ainsi que les demandes pour faire partie de l'Œuvre ou pour l'adoption des enfants, peuvent être adressés :

A M. l'abbé de la Bouillerie, *vicaire général*, rue de Varennes, 28 ;

Madame la comtesse de Melun, *présidente*, rue de Grenelle-Saint-Germain, 33 ;

Madame la comtesse d'Armaillé, *secrétaire*, rue de la Ville-l'Évêque, 21;

Madame la comtesse de Kersaint, *trésorière*, rue d'Aguesseau, 15 ;

A MM. les curés des paroisses sur lesquelles l'Œuvre est établie;

Et aux maisons des Sœurs, rue de l'Épée-de-Bois, 3; rue de la Roquette, 103; rue de Vaugirard, 88 ; rue de la Ville-l'Évêque, 11 ; place du Louvre, 14 ; rue de la Jussienne, 16.

ASSOCIATION DES JEUNES ÉCONOMES.

L'*Association des Jeunes Économes*, fondée en 1823, a pour but de pourvoir à l'éducation, au placement et à l'entretien des jeunes filles pauvres de la ville de Paris qui, n'étant pas orphelines, trouvent difficilement accès dans les maisons charitables d'éducation et de secours.

L'Œuvre se compose d'un nombre illimité de jeunes personnes associées, qui s'engagent à payer 30 centimes par mois et 60 centimes pour le mois de janvier.

Une loterie, une quête et cette souscription sont les ressources de l'Œuvre.

Une directrice trésorière, une secrétaire, une vice-secrétaire, vingt-quatre conseillères, vingt-quatre vice-conseillères et plusieurs associées ayant le titre d'aspirantes, forment le conseil de l'Association.

Un supérieur ecclésiastique, nommé par monseigneur l'Archevêque de Paris, préside et dirige le conseil.

Aucune enfant n'est admise si elle ne justifie que son père ou sa mère, ou l'un des deux sont encore existants, et qu'ils sont domiciliés dans la ville de Paris au moins depuis six mois.

Les admissions se font sur la demande des parents.

Les secours consistent dans le placement en apprentissage : l'enfant n'est adoptée que lorsqu'elle a atteint sa huitième année et qu'elle a été reconnue bien portante par un médecin désigné par le conseil.

Les présentations sont faites par la directrice ou une des conseillères. Elles doivent énoncer :

1° Les noms de baptême, de famille, et la demeure de l'enfant;

2° La profession des père et mère;

3° Le nombre des frères et sœurs.

Il faut y joindre l'extrait de baptême et le certificat de vaccine.

Les enfants adoptées restent dans l'Œuvre jusqu'à dix-huit ans.

A cet âge, celles dont la conduite a été constamment bonne reçoivent un trousseau neuf et complet.

Les parents qui, pour quelque cause que ce soit, retirent leurs enfants avant l'âge fixé, n'ont le droit de conserver aucun des effets remis par l'Association.

Le conseil est toujours libre de rendre aux familles les enfants adoptées.

Indépendamment de la surveillance générale exercée par le conseil, il est formé une commission spéciale de conseillères et d'associées chargée de surveiller tout ce qui a rapport à l'instruction religieuse, au travail, à la conduite, à la propreté et à la santé des enfants.

En 1843, l'Œuvre a fondé, rue de l'Arbalète, n° 25 *bis*, un ouvroir interne, confié aux soins des Sœurs de Saint-Vincent de Paul et qui a été transféré en 1848 à Conflans, impasse de Conflans, 6, près Charenton-le-Pont.

Cet ouvroir comprend toute espèce d'ouvrages de lingerie, de raccommodage et de blanchissage. Les commandes peuvent être déposées, à Paris, chez Mademoiselle Lauras, rue Meslay, 9. L'Association reçoit aussi tous les dons en nature, comme linge, lits, matelas, couvertures, etc.

Les demandes et souscriptions peuvent être adressées à M. l'abbé Surat, vicaire général, supérieur-président, rue Chanoinesse, 9; et à Mademoiselle J. Lauras, directrice-trésorière, rue Meslay, 9; à Mademoiselle Lafonta, secrétaire, rue de la Madeleine, 33, et à Mademoiselle A. de Bonneuil, vice-secrétaire, rue Saint-Guillaume, 29.

ASSOCIATION DE SAINTE-ANNE.

L'*Association de Sainte-Anne* place en apprentissage les jeunes filles pauvres.

Elle est composée de dames qui souscrivent à une cotisation annuelle de 6 fr., ou 50 cent. par mois.

L'Œuvre est administrée par un bureau central et douze bureaux particuliers dans chaque arrondissement de Paris.

Les enfants à placer sont choisies dans les familles les plus nombreuses et les plus malheureuses.

Elles doivent avoir atteint au moins onze ans.

Le bureau de l'arrondissement où habite la famille de l'enfant présentée fixe la part que prendra l'Asso-

iation dans les dépenses d'entretien et de place-
ient.

Les enfants sont surveillées par les dames qui ont oncouru au placement. Le prix de chaque apprentis-age, l'entretien compris, peut s'évaluer en moyenne environ 180 fr. par an.

Les demandes d'admission doivent être adressées à Madame la comtesse de Rambuteau, présidente géné-ale ou à la présidente du bureau de l'arrondisse-nent qu'habite la famille.

1er Arrond. Madame la comtesse de Maurville, rue Royale Saint-Honoré, 8.

2e — Mademoiselle de Noireterre, rue Neuve du Luxembourg, 10.

3e — Madame de Souancé, rue de Clichy, 41.

4e — Madame Dutrône, rue Notre-Dame de Lorette, 54.

5e — Madame Michelin, rue de Grenelle Saint-Honoré, 27.

6e — Mademoiselle Levert, rue Aumaire, 3.

7e — Madame Rémusat, rue Meslay, 9.

8e — Madame Brodard, rue des Trois-Pavillons, 8.

9e — Madame Saint-Maurice, quai de Béthune, 24.

10e — Madame Rathcau, rue de Sèvres, 33.

11e Arrond. Madame de Champlieux, rue de Luxembourg, 45.
12e — Madame Rémond, rue de la Harpe, 117.

Le siége de l'Association est à l'Hôtel de Ville.

ÉTABLISSEMENTS CHARITABLES

POUR LES JEUNES FILLES ORPHELINES OU ABANDONNÉES.

Maison des enfants délaissées (rue Notre-Dame des Champs, 7).

Cette maison a été fondée en 1803 par madame de Carcado pour les orphelines de mère. Elle élève cent jeunes filles, qui sont gardées dans l'établissement jusqu'à l'âge de vingt et un ans. L'adoption en est entièrement gratuite, et n'a lieu que pour les enfants de sept à neuf ans.

Les demandes d'admission et les souscriptions sont reçues chez Madame la duchesse de Montmorency, rue Saint-Dominique-Saint-Germain, 119.

Maison de la Providence, rue Oudinot, 5, fondée en 1820 par M. l'abbé Desgenettes, alors curé des Missions; elle est dirigée par les Sœurs de Saint-Vincent de Paul.

Elle contient plus de deux cents orphelines.

Le plus grand nombre des lits de cette maison est à la nomination des personnes qui ont concouru à la fondation de l'établissement. Les autres sont donnés par la Sœur supérieure des Sœurs de la Charité du quartier des Missions, qui décide seule des conditions d'admission. Les jeunes filles restent à la maison jusqu'à vingt ans.

Orphelines de la Providence, passage Saint-Roch, 20. Trente-six orphelines y sont reçues à raison de 200 fr. par an.

Chacune coûte à la maison 300 fr.

Maison des enfants de la Providence, rue du Regard, 13, fondée par mademoiselle Buchère; elle est confiée aux soins des Sœurs de Notre-Dame de Bon-Secours, et reçoit des orphelines.

Maison de Sainte-Marie de Lorette, rue de Vaugirard, 101, fondée en 1823, par M. l'abbé de Malet, pour l'éducation des jeunes filles pauvres, de douze à dix-huit ans, dans le dessein d'en faire de bonnes et honnêtes domestiques. Elle se compose de trente-cinq jeunes filles.

Atelier de Travail de madame Chauvin, rue du Paon, 8. Cet établissement renferme vingt-six jeunes filles reçues gratuitement.

Institution de Saint-Louis, rue Saint-Lazare, 140, fondée en 1821 par mesdames Barthélemy et de Romieux, sur la paroisse de Saint-Louis d'Antin, pour les jeunes filles pauvres, et principalement les orphelines.

Elles sont reçues de neuf à vingt ans. La maison en fait élever en ce moment quarante. Un externat ajouté à la maison reçoit les enfants indigents du quartier.

L'Œuvre se soutient par des souscriptions et une quête annuelle. Les dons et demandes d'admission doivent être adressés à madame Barthélemy, *trésorière de l'Œuvre*, rue Saint-Lazare, 99.

Établissement des Soeurs de Saint-André, rue de Sèvres, 90.

Cette maison reçoit plus de deux cents jeunes filles externes et cent quarante internes, dont quelques-unes gratuitement, et les autres payant une pension de 240 à 300 fr. et devant apporter un trousseau.

Dans ces divers établissements la pension varie suivant l'âge, la position de l'enfant et le temps qu'il doit rester; le prix ordinairement est de 18 à 25 fr. par mois avec la fourniture du lit et du trousseau.

Maison du saint coeur de Marie, rue Picpus.

Cette maison, réorganisée par feu M. l'abbé Terlaing, vicaire de Saint-Antoine, est confiée aux Sœurs des écoles chrétiennes.

Elle reçoit gratuitement les jeunes filles pauvres à l'âge de treize ans, en exigeant d'elles un trousseau seulement, et ne les garde que le temps nécessaire pour acquérir l'instruction primaire et professionnelle.

Œuvre des Saints-Anges, petite rue de Reuilly, 7.

Cette Œuvre, fondée par madame Manuel et dirigée par mademoiselle Bonnand, reçoit les jeunes orphelines de 2 à 8 ans, et les garde jusqu'à 21 ans.

Maison d'éducation, dirigée par les religieuses de Saint-Joseph de Bourg (Ain), rue de Monceaux, 21.

Le prix principal de la pension est de 450 fr.

Dix places gratuites sont spécialement réservées aux familles qui se trouvent dans une position exceptionnelle.

OEUVRE DE L'IMMACULÉE CONCEPTION.

Cette Œuvre a pour but d'ouvrir un asile et de procurer du travail aux jeunes filles après leur première communion, et surtout à l'âge où elles sortent des établissements de charité et des maisons des Sœurs, où elles ont été élevées chrétiennement.

La maison où elles sont reçues est située rue Hautefeuille, 8.

S'adresser, pour tous les renseignements et pour l'admission, à M. le curé de Saint-Séverin, rue des Prêtres-Saint-Séverin.

OEUVRE DE SAINT-CASIMIR

EN FAVEUR DES ORPHELINES POLONAISES PAUVRES,

RUE DE GENTILLY, 8.

Quarante orphelines ou jeunes filles pauvres appartenant aux familles des réfugiés polonais sont élevées dans un établissement spécial aux frais de l'Œuvre. S'adresser pour l'admission des enfants à l'établissement, pour les dons et souscriptions, à madame la comtesse de la Redorte, secrétaire de l'Œuvre, rue du Faubourg-Saint-Honoré, 71.

OEUVRE N.-D. DE SION,

RUE DU REGARD, 11.

Cette Œuvre, fondée en 1844 par M. l'abbé Ratisbonne, a établi plusieurs maisons, principalement destinées aux jeunes filles israélites qui, avec le consentement de leurs parents, y sont instruites et élevées gratuitement dans la religion catholique. Ces maisons sont dirigées par les religieuses de N.-D. de Sion.

Notre saint-père le Pape, par plusieurs brefs, a concédé à cette Œuvre de nombreuses indulgences.

Les personnes qui désirent s'unir et coopérer à l'Œuvre, peuvent écrire, ou à madame la supérieure de N.-D. de Sion, ou à M. l'abbé Ratisbonne, missionnaire apostolique, rue du Regard, 11 *bis*.

OEUVRES

DES PAROISSES ET DES CATÉCHISMES,

POUR L'ÉDUCATION ET LE PLACEMENT DES JEUNES FILLES PAUVRES.

Dans beaucoup de paroisses de Paris, il existe des Associations formées dans les catéchismes de première communion et de persévérance pour faire élever des jeunes filles pauvres dans des maisons placées sous la surveillance des jeunes personnes composant l'Association.

Des quêtes, des loteries et des souscriptions fournissent aux dépenses de l'Œuvre.

Les enfants doivent généralement appartenir à la paroisse. Elles sont choisies par un conseil pris parmi les membres de l'association.

L'Association existe sur les paroisses de Saint-Sulpice, de l'Abbaye-aux-Bois, de Saint-Thomas d'Aquin, Saint-Étienne, etc.; à Saint-Louis d'Antin, elle est connue sous le nom de *Jeunes Conseillères;* à Saint-Philippe du Roule, sous le nom d'*Œuvre de Sainte-Marie.*

A Saint-Sulpice l'Œuvre, dite *Petite Œuvre de la Sainte-Enfance,* a une maison rue du Regard, 18, dans laquelle les orphelines, prises à dix ans, sont gardées jusqu'à vingt et un ans.

Sur la paroisse Saint-Gervais, l'Œuvre appelée de *la Sainte Enfance de Marie* reçoit douze jeunes filles âgées de douze ans au moins, et auxquelles on apprend un état : elles sont logées, nourries et entretenues. Les frais sont supportés par une société de jeunes demoiselles au moyen de cotisations mensuelles.

A Saint-Séverin, l'Œuvre de *la Sainte Enfance* fait élever des jeunes filles dès l'âge de sept ans, et les garde jusqu'à dix-huit. La maison est située rue Hautefeuille, 8, et dirigée par Mademoiselle Boussard.

ŒUVRE DES FAUBOURGS.

L'Œuvre des Faubourgs, fondée en juillet 1848, s'occupe de procurer des secours de vêtements et le bienfait des écoles aux enfants des familles pauvres des faubourgs, principalement dans les huitième et douzième arrondissements.

L'Œuvre patronne les enfants, les visite dans leurs familles, leur distribue des vêtements, concourt à l'établissement des écoles, et paye les mois d'écolage dans quelques pensions.

Elle se compose de dames qui se chargent de patronner les enfants. La souscription est de 5 fr. par an.

Les dons et souscriptions peuvent être adressés à M. le curé de Saint-Roch, président, et à madame Hanriat-Valdruche, secrétaire, rue des Boulangers Saint-Victor, 36.

SOCIÉTÉ CHARITABLE D'ENCOURAGEMENT

POUR LES ÉCOLES CHRÉTIENNES LIBRES,

SOUS LA PRESIDENCE DE MGR L'ARCHEVÊQUE DE PARIS.

La Société d'encouragement pour les Écoles chrétiennes libres, fondée en 1850 par monseigneur l'Archevêque de Paris, a pour but d'établir des écoles dans tous les quartiers pauvres et populeux, qui en manquent encore. Elle a établi quatorze écoles nouvelles; elle en a soutenu et agrandi cinq anciennes, elle a fait donner l'instruction à plus de trois mille enfants.

La Société est dirigée, sous la présidence de monseigneur l'Archevêque, par un conseil composé de vingt-quatre membres.

Une commission exécutive est chargée de l'exécution des décisions du conseil.

La Société est formée par des souscripteurs qui se divisent en trois classes :

1° Les *simples souscripteurs*, qui donnent le minimum de la souscription, fixé à 50 cent. par mois, soit 6 fr. par an ;

2° Les *fondateurs*, qui donnent 200 fr. par an ;

3° Les *bienfaiteurs*, qui donnent moins de 200 fr. et plus que le minimum de la souscription.

Les écoles fondées par la Société sont mises sous le patronage de comités paroissiaux, dont M. le curé est président, et qui sont composés au moins de six membres. Les souscriptions sont reçues au Secrétariat de l'Archevêché et chez MM. les Curés.

Un conseil, pris parmi les membres fondateurs de la Société, nomme des inspecteurs et des dames inspectrices pour les écoles de garçons et de filles de l'arrondissement, et exerce une surveillance sur tous les enfants pauvres qui les fréquentent.

M. Vallier, secrétaire archiviste, est chargé des détails de l'administration, et demeure rue des Saints-Pères, 45.

OEUVRE DU PETIT NOVICIAT

DES FRÈRES DES ÉCOLES CHRÉTIENNES.

L'Œuvre a pour but de fournir aux dépenses du Petit Noviciat des Frères, rue Oudinot, où des jeunes gens de douze à seize ans sont formés à la règle de l'Ordre, et d'où ils entrent dans le Grand Noviciat pour être ensuite envoyés dans les différentes villes de France qui les demandent pour les écoles.

La pension est, pour le Petit Noviciat, de 300 fr. par an. La maison se soutient par des souscriptions et une quête à domicile faite par un Frère.

SOCIÉTÉ CHARITABLE

DES ÉCOLES CHRÉTIENNES GRATUITES

DU 10e ARRONDISSEMENT.

Cette Société, qui s'occupe de surveiller et d'encourager les enfants pauvres du dixième arrondissement, entretient deux sœurs institutrices dans la rue Saint-Maur, paye les fournitures classiques, et distribue annuellement des prix dans les écoles et des prix d'apprentissage.

ŒUVRE DES ÉCOLES DE LA COMPASSION,

SOUS LA PROTECTION DE Mgr L'ARCHEVÊQUE DE PARIS.

Cette Œuvre, qu'il ne faut pas confondre avec celles des *Orphelins,* des *Enfants trouvés,* des *Indigents honnêtes* et des *Jeunes détenus*, a pour but, 1° de recueillir des enfants de la rue les plus délaissés et les plus pervertis, et que les autres établissements et œuvres ne voudraient pas recevoir, et qui sont ainsi voués inévitablement au vagabondage et même au crime; 2° de soustraire à la flétrissure d'un jugement ceux que leurs mauvais instincts ont amenés devant les tribunaux avant qu'ils aient atteint l'âge de onze ans.

On les élève chrétiennement, et on leur fait apprendre un état.

La première des écoles de cette Œuvre qui a été ouverte le 11 avril 1851, rue des Ursulines, 23, est aujourd'hui rue Saint-Jacques, 262; elle a déjà produit de très-bons résultats.

L'Œuvre se soutient au moyen d'une souscription.

Un comité central, composé d'un nombre indéterminé de dames patronnesses, examine, sous la présidence du directeur, les moyens les plus propres à augmenter les secours de l'Œuvre, et organise, dans tous les arrondissements, des comités particuliers de secours.

Les cotisations sont mensuelles, trimestrielles, annuelles, ou faites à titre de don, pour une fois seulement.

S'adresser, pour les renseignements et les souscriptions, à M Coste, directeur de l'Œuvre, impasse des Feuillantines, 14.

ASSOCIATION DES INSTITUTRICES,

RUE DE SÈVRES, 27.

Cette Œuvre se compose de jeunes personnes qui, se destinant à l'éducation particulière ou publique, forment entre elles une association pour s'aider, chercher à se procurer des élèves et offrir aux familles qui demandent des institutrices tous les renseignements et toutes les garanties de moralité et d'instruction. Un conseil, composé de maîtresses de pension et de personnes charitables, sous la présidence de M. l'abbé Faudet, curé de Saint-Étienne du Mont, dirige l'association, prononce les admissions dans l'Œuvre, après avoir pris des renseignements, et répond aux demandes faites par les familles.

Chaque associée paye une souscription de 5 à 15 fr. par an.

La maison centrale est située impasse des Vignes,

1 *bis*, pres du Jardin des Plantes : c'est à la directrice qu'il faut adresser les demandes d'élèves et d'institutrices.

On reçoit les dimanches, mardis et jeudis, de une heure à quatre.

HÔPITAL DES ENFANTS MALADES, voyez p. 126 et 150.

SOCIÉTÉ DE PATRONAGE

DES ENFANTS CONVALESCENTS,

RUE DE BABYLONE, 30.

Fondée en 1847 par quelques jeunes gens, avec l'autorisation et les encouragements de l'Administration des hôpitaux, cette Œuvre a pour but :

1° De recueillir dans deux maisons de convalescence, l'une à Paris, l'autre à la campagne, *les enfants qui sortent de l'hôpital des Enfants malades*, afin de leur donner les soins qui sont encore nécessaires au rétablissement de leur santé, et afin de les préserver des maladies nouvelles qu'ils seraient exposés à contracter, dans les salles mêmes de l'hôpital, s'ils y passaient le temps de la convalescence ;

2° De les former au travail, en les occupant dans un atelier dépendant de l'établissement ;

3° De leur donner en même temps une instruction religieuse et élémentaire ;

4° De leur procurer de bons apprentissages, quand ils ont repris leurs forces ;

5° De les patronner, après leur sortie de la maison, au milieu de leurs familles, et dans les ateliers.

Tous les enfants patronnés se réunissent, le dimanche, dans la maison de la rue de Babylone, où ils passent leur journée tout entière sous la surveillance des membres de l'Œuvre.

Cette institution a déjà pu secourir, pendant l'année 1851, plus de deux cents pauvres enfants.

S'adresser, pour les renseignements, à M. le comte Georges de la Rochefoucauld, rue de Varennes, 72.

OEUVRE

DES ORPHELINS DE SAINT-VINCENT DE PAUL PAR SUITE DU CHOLÉRA-MORBUS.

Cette Œuvre a été formée par Monseigneur de Quélen, alors archevêque de Paris, dès les premiers moments de l'invasion du fléau, dans le courant de mai 1832.

Le nombre des enfants constamment à la charge de l'Œuvre fut promptement porté à près de 600, et ce chiffre a été maintenu pendant plusieurs années par des admissions nouvelles, à mesure des vacances par décès ou autres causes. Réduit ensuite progressivement, faute de nouvelles demandes, il était en 1844 de 250, et lors de la deuxième invasion du choléra (1849), l'Œuvre entretenait encore quelques enfants dont la santé exigeait une prolongation de soins.

Les secours étaient de plusieurs natures.

Pensions dans des maisons religieuses ou dont les principes étaient connus;

Secours à domicile;

Frais d'apprentissage.

Par suite des admissions premières et des remplacements, 1.097 orphelins du premier choléra ont participé aux bienfaits de l'Œuvre; dans ce nombr , les filles figurent pour 3/5 ; les garçons, pour le surplus.

La charité particulière a, seule et exclusivement, pourvu aux dépenses, soit par des aumones en argent, soit par des subventions en nature, notamment par des pensions tout à fait gratuites ou d'un prix au-dessous des frais les plus modérés. Ce dernier mode de subvention a été le plus fécond, puisque, dans le compte général présenté en 1844, sa quotité a été présentée, sur des calculs positifs, pour une somme de.......................... 472,000 fr.

Quant aux versements en argent, accrus des intérêts de fonds placés momentanément, le même compte en donne le chiffre exact....... 568,000

Ce qui forme un total de..... 1,040,000 fr.

Ainsi, plus de un million a été réparti entre 1,100 orphelins, sans aucun prélèvement, car l'Œuvre n'a jamais donné lieu aux moindres frais d'administration ou autres.

En 1849, Monseigneur Sibour, à la seconde invasion du choléra, réunit auprès de lui les membres du conseil de l'Œuvre, qui n'avait pas cessé d'exister et d'agir. Sous les auspices du vénérable prélat, elle n'eut qu'à poursuivre ses travaux, d'après les mêmes errements. Une faible somme, qui restait encore en caisse, fut un fonds précieux pour distribuer des secours urgents.

L'Œuvre, ainsi continuée, a déjà pu secourir plus de 600 orphelins, dont près de 450, aujourd'hui à la charge de l'Œuvre, sont ou placés en pension, ou entretenus en apprentissage, ou secourus à domicile.

Elle est administrée par un conseil, présidé par monseigneur l'Archevêque de Paris.

Secrétaires : MM. l'abbé de Girardin et Cardon de Sandrans.

Trésorier : M. Breton, rue du Faubourg-Poissonnière, 6.

HOSPICE DES ENFANTS TROUVÉS ET ORPHELINS RÉUNIS, voyez p. 123.

SOCIÉTÉ D'ADOPTION

POUR LES ENFANTS TROUVÉS, ABANDONNÉS, ET ORPHELINS PAUVRES.

COLONIE AGRICOLE DU MESNIL-SAINT-FIRMIN.

La *Société d'adoption*, fondée en 1843, a pour objet d'assurer une bonne éducation aux enfants trouvés, abandonnés et orphelins pauvres.

Elle les place à sa *Colonie agricole du Mesnil-Saint-Firmin*. C'est spécialement aux enfants trouvés mis à la charge des hospices que la Société réserve le bienfait de son adoption, en vertu de traités passés avec les administrations hospitalières : elle les admet depuis sept ans jusqu'à neuf.

La Colonie présente un corps de ferme complet, un matériel d'exploitation considérable, et divers ateliers de métiers accessoires à l'agriculture.

Les enfants, qui sont appliqués suivant leur âge, leurs forces et leur intelligence, à toutes les parties du service intérieur et extérieur d'une exploitation rurale, sont guidés dans leurs travaux par un personnel de contre-maîtres qu'une généreuse pensée a fait se consacrer d'une manière toute spéciale à l'éducation des enfants trouvés dans les colonies agricoles.

La Colonie du Mesnil-Saint-Firmin est située sur la ligne du chemin de fer du Nord, près la station de Breteuil (Oise).

S'adresser à M. Amédée Thayer, secrétaire général de l'Œuvre, rue Saint-Dominique Saint-Germain, 19.

Bureaux de la Société, rue de la Pépinière, 97.

INSTITUTION DES SOURDS-MUETS,

RUE SAINT-JACQUES, 256.

Cet établissement, sous l'autorité directe du ministre de l'intérieur, reçoit cent élèves sourds-muets des deux sexes, dont quatre-vingts gratuitement, dix à demi-bourse, dix à trois quarts de bourse.

Les enfants ne peuvent être admis avant dix ans ni après quinze, à moins d'une autorisation spéciale du ministre de l'intérieur. Pour obtenir une admission, la famille doit faire parvenir sa demande à l'administration trois mois avant le 1er octobre de chaque année.

Cette demande doit être accompagnée, 1° de l'acte de naissance de l'enfant ;

2° D'un certificat de surdi-mutisme et de ses causes, d'un certificat que l'enfant n'est atteint d'aucune autre infirmité, qu'il a eu la petite vérole ou qu'il a été vacciné ; et pour les demandes de bourse entière, il faut joindre un certificat d'indigence. Toutes les pièces doivent être légalisées.

Le prix annuel de pensionnat est de 900 fr. pour

les garçons et 800 fr. pour les filles, 250 fr. pour les demi-bourses, et 125 fr. pour les trois quarts de bourse. La pension doit être payée par trimestre et d'avance, et le payement garanti par une personne solvable et domiciliée à Paris. Les élèves doivent en entrant fournir un trousseau de 320 francs pour les garçons, 310 francs pour les filles. La durée de l'éducation est de six ans.

Le ministre de l'intérieur nomme aux places gratuites.

L'enseignement comprend la lecture, l'écriture, le calcul, le dessin, la gravure et l'apprentissage de divers métiers.

A la sortie de l'établissement, les élèves sont placés par les soins d'un Comité.

Directeur : M. Delanneau, à l'Institution.

INSTITUTION DES JEUNES AVEUGLES,

BOULEVARD DES INVALIDES, 56.

L'Institution nationale des Aveugles, fondée par Valentin Haüy, en 1784, est un établissement de l'État où les enfants de l'un et de l'autre sexe privés de la vue reçoivent l'éducation, et sont préparés à exercer une profession utile.

L'établissement est régi et administré, sous l'autorité du ministre de l'intérieur, par un directeur responsable, assisté d'une commission consultative, composée de quatre membres.

Cent vingt bourses entières sont accordées à l'Institution par le ministre de l'Intérieur en faveur des enfants pauvres. Les familles qui ne possèdent que de faibles ressources peuvent réclamer une demi-bourse, qui laisse à leur charge une somme annuelle de 400 fr.

Les conseils généraux et les administrations hospitalières peuvent, en outre, fonder des bourses au prix de 600 fr., et des demi-bourses au prix de 300 fr.

Par une fondation pieuse, due à madame Vignette, huit bourses sont affectées aux enfants pauvres des départements de l'Aisne et de la Marne, et, à défaut de sujets appartenant à ces deux départements, en faveur de ceux de la Seine. Ces bourses sont, ainsi que celles de l'État, à la nomination du ministre de l'Intérieur.

Les demandes de bourse ou de demi-bourse sont adressées, par l'intermédiaire du directeur de l'Institution, au ministre de l'Intérieur, qui nomme aux places vacantes. Elles doivent être accompagnées, 1° d'un extrait de naissance; 2° d'un extrait de baptême; 3° d'un certificat du chirurgien de la maison, constatant une cécité complète; que l'enfant n'a pas de maladie contagieuse; qu'il n'est pas idiot; 4° d'un certificat de bonne conduite et d'indigence, délivré par le maire.

Les enfants ne peuvent être reçus que de neuf à treize ans.

Indépendamment des élèves gratuits, on admet des élèves payant une pension de 1,000 francs. Tous les élèves sont tenus de fournir, en entrant, une somme de 300 fr. pour frais de trousseau.

Les aveugles apprennent, par des procédés particuliers, la lecture, l'écriture, la grammaire, la géographie, l'histoire, les langues anciennes et modernes, les mathématiques, la musique vocale et instrumentale, plusieurs métiers, tels que l'imprimerie, la reliure, la vannerie, la sparterie, la filature, le tricot. *Directeur :* M. Dufau.

ASILE SAINT-HILAIRE,

RUE DES POSTES, 24.

L'Asile Saint-Hilaire a été fondé en 1846 par M. le docteur Rattier, en faveur des petits enfants aveugles des deux sexes qui ne peuvent être admis ni à la salle d'asile ni à l'école primaire. Les enfants sont reçus à partir de trois ou quatre ans jusqu'à l'âge de dix ans, comme externes et tout à fait gratuitement; ils viennent à l'Asile à huit heures du matin, et y restent jusqu'à quatre heures de l'après-midi ; ils y font un repas aux frais de la maison.

On s'occupe de leur santé, et l'on tâche de guérir ceux qui ne sont pas incurables.

L'enseignement, donné par une méthode et des procédés spéciaux, comprend la lecture en relief et en points, le catéchisme et l'histoire sainte, l'arithmétique élémentaire et la musique vocale et instrumentale. En même temps, les enfants apprennent le tricot, le filet, la fabrication des chaussons de lisière et de tresse, des sacs de papier, etc.

MAISON DE REFUGE DES SOURDES-MUETTES indigentes, rue Neuve-Sainte-Geneviève, 33.

Cette maison, fondée en 1829 par le comité des dames établi pour surveiller les jeunes filles à l'Institution royale des sourdes-muettes, assure un asile et de l'ouvrage à celles d'entre elles que la misère de leurs parents laisserait sans appui à la sortie du grand établissement.

La maison renferme vingt-trois sourdes-muettes.

Une surveillante choisie par le comité, et sachant leur langage, est établie à la maison.

Cet asile a été ouvert pour les enfants en bas âge atteints de surdité et de mutisme.

OEUVRE DES MILITAIRES.

Il y a, dans plusieurs paroisses de Paris, des écoles de soldats pour ceux des militaires qui veulent y prendre part. Ils y reçoivent des leçons d'écriture, de lecture, de calcul, d'histoire sainte. Un prêtre désigné par M. le curé y fait une instruction religieuse. On leur donne de bons livres à lire, et notamment le *Manuel du soldat chrétien*, livre composé pour eux et approuvé par Mgr l'Archevêque de Paris.

Il y a des écoles sur ce plan aux Missions étrangères, à Saint-Roch, au Séminaire du Saint-Esprit, à Saint-Louis-d'Antin, chez les Frères de la rue Saint-Lazare, à Saint-Séverin, à Saint-Ambroise de Popincourt, à Saint Pierre du-Gros-Caillou, à Picpus, à Issy et à Vincennes.

Des conférences ont lieu à l'église des Carmes, le dimanche et le lundi.

S'adresser à M. Germainville, à la Communauté des Carmes, rue de Vaugirard.

CHAPITRE II.

ŒUVRES DE CHARITÉ LIBRE POUR LA PAUVRETÉ, LA MALADIE ET LA VIEILLESSE.

SOCIÉTÉ DE SAINT-VINCENT DE PAUL.

La *Société de Saint-Vincent de Paul* a pour objet principal la visite des pauvres. Elle se compose de jeunes gens chrétiens qui, voulant consacrer par semaine quelques heures à faire du bien, se distribuent entre eux les familles les plus malheureuses, leur portent des secours en pain, viande, bois; protégent et surveillent les enfants, placent les apprentis, cherchent à procurer aux adultes des emplois et du travail, et se font les intermédiaires entre les familles qu'ils visitent et toutes les ressources que la charité a préparées pour les pauvres.

La Société a fondé des écoles du matin et du soir (*Voyez* p. 37), un refuge pour les vieillards (*Voyez* p. 99), des caisses de prêt pour les loyers (*Voyez* p. 117), des fourneaux économiques (*Voyez* p. 115), des associations de la Sainte Famille (*Voyez* p. 111)

La Société de Saint-Vincent de Paul se divise à Paris en conférences, dont chacune se compose des membres de la Société qui visitent les familles pauvres de la même paroisse.

Une fois par semaine, la conférence se réunit pour s'occuper des intérêts de ses protégés, se partager les bons à distribuer, etc.

La séance se termine par une quête.

Plusieurs conférences se créent des ressources extraordinaires par une quête à l'église, une loterie, des souscriptions.

Les conférences de Paris sont unies entre elles par un conseil composé de tous les présidents. Il a une caisse fournie par le dixième des ressources extraordinaires de chaque conférence, et destinée à venir au secours de celles qui sont les plus pauvres et les plus obérées, etc. Le conseil s'occupe des questions qui intéressent toutes les conférences de Paris et le patronage des écoles et des apprentis.

Il se réunit tous les mardis, à quatre heures et demie, au siége de la Société, rue Garancière, 6.

Quatre fois par an la Société se réunit en assemblée générale, ordinairement sous la présidence d'un archevêque ou évêque. Tous les membres sont convoqués à ces réunions, dans lesquelles il est rendu compte des travaux, des progrès et des ressources de la Société.

La *Société de Saint-Vincent de Paul* compte cinquante-deux conférences à Paris et dans la banlieue ; elle existe dans 296 villes, bourgs et villages de France, ainsi qu'en Angleterre, aux Pays-Bas, en Belgique, Prusse, Bavière, États de l'Église, Sardaigne, Toscane, Espagne, Turquie, Grèce, États-Unis d'Amérique, Mexique, Canada.

Toutes les conférences de la Société sont unies par un conseil général siégeant à Paris, qui s'assemble une fois par semaine au siége de la Société, et entretient entre toutes un échange de communications charitables.

Pour faire partie de la Société de Saint-Vincent de Paul, à Paris, il faut être présenté par deux membres de la conférence de la paroisse dont on désire visiter les pauvres, et être accepté par elle.

PROGRAMME *des jours, heures et lieux de réunion des conférences de la Société de Saint-Vincent de Paul du diocèse de Paris.*

Les conférences ont lieu :

Au conseil général de la Société, lundi, 4 h. du soir, à Paris, rue Garancière, 6, près Saint-Sulpice.

Au conseil de Paris, mardi, 4 h. du soir, rue Garancière, 6.

A la Madeleine, jeudi, 4 h. et demie du soir, dans une des salles basses de l'église.

A Saint-Pierre de Chaillot, mercredi, 7 h. et demie

du soir, à la sacristie de la paroisse, rue de Chaillot.

A Saint-Louis d'Antin, mercredi, 4 h. et demie du soir, dans une salle au-dessus de la sacristie.

A la Trinité, mercredi, 7 h. et demie du soir, au presbytère, rue de Calais.

A Saint-Augustin, lundi, 7 h. et demie du soir, au presbytère, rue de la Pépinière, 24.

A Saint-Philippe du Roule, vendredi, 7 h. et demie du soir, au presbytère, rue de Courcelles, 15.

A Saint-Roch, vendredi, 7 h. et demie du soir, salle des mariages, rue Neuve-Saint-Roch, 6.

A N.-D. de Lorette, vendredi, 7 h. et demie du soir, chez M. Benoist d'Azy, rue Pigale, 12.

A Saint-Eustache, vendredi, 8 h. et demie du soir, au presbytère, passage Saint-Eustache, 2.

A N.-D. des Victoires, lundi, 8 h. du soir, dans un local attenant à la sacristie.

A N.-D. de Bonne-Nouvelle, lundi, 8 h. du soir, à la sacristie, rue Beauregard.

A Saint-Germain-l'Auxerrois, jeudi, 8 h. du soir, à la sacristie.

A Saint-Laurent, lundi, 8 h. du soir, au presbytère, faub. Saint-Martin, 119.

A Saint-Vincent de Paul, mercredi, 8 h. du soir, rue Saint-Quentin, 24.

A Saint-Nicolas des Champs, jeudi, 8 h. du soir, au presbytère, place Saint-Nicolas, 4.

A Sainte-Elisabeth, mercredi, 8 h. du soir, à la

bibliothèque de Sainte-Elisabeth, rue Neuve-Saint-Laurent, 7.

A Saint-Merry, jeudi, 8 h. du soir, salle au-dessus de la sacristie, rue de la Verrerie, 76.

A Saint-Leu-Saint-Gilles, mardi, 8 h. et demie du soir, rue Salle-au-Comte, au presbytère.

A N.-D. des Blancs-Manteaux, mercredi, 8 h. du soir, rue des Francs-Bourgeois, 10, au Marais.

A Saint-Denis du Saint-Sacrement, vendredi, 7 h. et demie du soir, à la sacristie, rue Saint-Claude, au Marais.

A Sainte-Marguerite, lundi, 8 h. du soir, au presbytère, rue Saint-Bernard-Saint-Antoine, 29.

A Saint-Antoine des Quinze-Vingts, vendredi, 8 h. du soir, chapelle des catéchistes, rue de Charenton, 26.

A Saint-Ambroise, samedi, 8 h. du soir, au presbytère, rue Popincourt, 54.

A Notre-Dame, mardi, 7 h. du soir, rue Massillon, 8, à la Maîtrise.

A Saint-Gervais, jeudi, 8 h. du soir, à la petite sacristie, rue des Barres, 11.

A Saint-Louis en l'Ile, dimanche, 9 h. du matin, au presbytère, rue Poultier, 1.

A Saint-Paul-Saint-Louis, lundi, 7 h. et demie du soir, rue Culture-Sainte-Catherine, 26.

A Saint-Thomas-d'Aquin, mercredi, 4 h. du soir, salle des prédicateurs, à Saint-Thomas-d'Aquin.

A N.-D. de l'Abbaye-aux-Bois, lundi, 7 h. et demie du soir, à l'église.

A Saint-François-Xavier des Missions, vendredi, 7 h. et demie du soir, chez MM. les Lazaristes, rue de Sèvres, 95.

A Sainte-Valère, vendredi, 4 h. et demie du soir, à la sacristie, rue de Bourgogne, 8.

A Saint-Pierre du Gros-Caillou, lundi, 8 h. du soir, à la sacristie, rue Saint-Dominique, 190.

A Saint-Sulpice, mardi, 7 h. et demie du soir, salle au-dessus de la chapelle Saint-Jean.

A Saint-Dominique des Carmes, vendredi, 7 h. et demie du soir, à la sacristie, rue de Vaugirard.

A Saint-Séverin, mercredi, 7 h. du soir, au presbytère, rue des Prêtres-Saint-Séverin.

A Saint-Germain des Prés, mercredi, 4 h. un quart du soir, au secrétariat, rue Garancière, 6.

A Saint-Étienne du Mont, vendredi, 8 h. du soir, au presbytère, rue Descartes, 30.

A Saint-Médard, dimanche, 9 h. du matin, chez M. Philibert, rue des Postes, impasse des Vignes, 2.

A Saint-Nicolas du Chardonnet, mardi, 8 h. du soir, au petit séminaire, rue de Pontoise, 18 *bis*.

A Saint-Jacques du Haut-Pas, samedi, 7 h. du soir, au secrétariat, rue Garancière, 6.

A Saint-Jean du collége Stanislas, vendredi, 7 h. du soir, au collége Stanislas, rue N.-D.-des-Champs, 16.

A Saint-Pierre de Montmartre, lundi, 8 h. du soir, chez M. Rabache, chaussée de Clignancourt, 53.

A Notre-Dame de Passy, dimanche, midi et demi, dans une salle dépendant de l'église.

A Saint-Denis-la-Chapelle, lundi, 8 h. du soir, à la sacristie, Grande-Rue, 96, à la Chapelle.

A Saint-Ferdinand des Thernes, mercredi, 8 h. du soir, rue des Thernes, 15, institution Sainte-Marie.

A Saint-Gervais du Pré, dimanche, à midi, au presbytère, Grande-Rue, 53.

A Saint-Lambert de Vaugirard, mardi, à 7 h. du soir, chez M. l'abbé Poiloup, Grande-Rue, à Vaugirard.

A Saint-Jean-Baptiste de Grenelle, vendredi, 7 h. du soir, à la sacristie.

A Saint-Pierre de Montrouge, vendredi, 8 h. du soir, chez M. le curé, route d'Orléans.

A Saint-Pierre de Conflans, mercredi, à 2 h. du soir, au presbytère.

A Sceaux, dimanche, à 1 h. du soir, au presbytère.

A Saint-Denis, lundi, 8 h. du soir, chez M. Lebel, rue des Ursulines, 10.

OEUVRE DES FAMILLES.

L'Œuvre des Familles, fondée en 1848 par M. de Melun, a pour but l'adoption d'une ou plusieurs familles pauvres par dix associés, qui s'engagent à visiter les familles adoptées, à patronner leurs enfants aux crèches, aux asiles, aux écoles, dans les ateliers, à solliciter pour elles les soins nécessaires en cas de maladie, et à leur chercher des moyens de travail et de secours.

Chaque associé paye une cotisation d'au moins dix centimes par semaine. Les présidents de chaque dizaine forment un conseil sous la présidence du curé de la paroisse. Ce conseil s'occupe de toutes les questions qui intéressent l'association paroissiale.

L'Œuvre est dirigée par un conseil général présidé par monseigneur l'Archevêque de Paris. Elle est établie sur les paroisses de Saint-Étienne du Mont, Saint-Médard, Saint-Sulpice, Saint-Jacques du Haut-Pas, des Missions, Saint-Nicolas du Chardonnet, Saint-Jean-Saint-François, la Madeleine, Saint-Nicolas des Champs, Saint-Vincent de Paul et Belleville.

S'adresser à M. Rataud, secrétaire général, rue d'Enfer, 34.

SOCIÉTÉ DE LA MISÉRICORDE.

L'Œuvre de la Miséricorde, fondée en 1833 par mademoiselle Dumartray, sous les auspices de monseigneur de Quélen, a pour but de secourir les familles qui, d'une position élevée ou aisée, sont tombées dans l'indigence.

Pour être admis à recevoir des secours de l'Œuvre, faut :

1° Être Français ;

2° Être domicilié à Paris depuis un an au moins ;

3° N'être pas inscrit au bureau de bienfaisance ;

4° Tenir une conduite régulière ;

5° Justifier de son aisance passée, ou de celle de sa mille; produire, à l'appui, des titres authentiques, els que brevets d'officiers, états de services, actes, patentes dans le commerce, ou nomination à une profession libérale.

L'Œuvre distribue aux pauvres honteux des secours en argent, en vêtements, chauffage, médicaments, leur fait des avances dans certains cas d'urgence, cherche à leur procurer du travail et de l'emploi, poursuit leurs réclamations, fait valoir leurs droits et s'occupe de leurs affaires contentieuses.

L'Œuvre est dirigée par un conseil dont chaque membre paye une cotisation annuelle de 20 francs.

Elle est administrée par un comité qui s'assemble une fois par mois pour examiner les demandes et voter les secours, et rend compte de son administration aux assemblées générales du conseil.

L'Œuvre a, dans chaque quartier de Paris, des comités spéciaux chargés de prendre les renseignements, de visiter les pauvres et de distribuer les secours.

Les revenus de l'Œuvre sont une quête annuelle,

les cotisations des membres du conseil et les souscriptions de 5 fr. par an.

Les dons et souscriptions peuvent être adressés à M. Sylvain Caubert, trésorier, boulevard Saint-Martin, 17.

Les demandes de secours doivent être adressées aux secrétaires M. le vicomte de Melun, rue de Grenelle, 33, et M. le comte de Castries, rue de Varennes, 72.

Les demandes doivent contenir un exposé de la situation de la personne à secourir, appuyé de toutes les pièces qui établissent ses droits aux secours.

ŒUVRE DES PAUVRES MALADES.

En 1840, une Œuvre fondée sous le patronage de saint Vincent de Paul s'est instituée sous la direction de M. le supérieur général des Lazaristes, pour visiter à domicile les pauvres malades de la ville de Paris.

L'Œuvre se compose de dames spécialement chargées des visites aux malades, et de dames trésorières.

Les premières s'associent aux Sœurs de Saint-Vincent de Paul, et vont avec elles ou sur leur désignation porter des secours aux malades, en argent, bouillon, bois, sucre, sirop, etc., et profiter de la maladie pour les améliorer, apprendre le catéchisme à ceux qui l'ignorent ou l'ont oublié, et quelquefois obtenir d'une seule famille le baptême, la première communion et le mariage.

Les dames trésorières, quand leur position ou leurs occupations ne leur permettent pas de visiter les pauvres, recueillent les souscriptions et les aumônes. Elles s'engagent à apporter annuellement une somme de 50 francs.

L'Œuvre est administrée par un comité central qui se réunit tous les mois.

Toutes les personnes qui veulent s'associer à l'Œuvre peuvent s'adresser à M. l'abbé Étienne, directeur de l'Œuvre, supérieur général des Lazaristes, rue de Sèvres, 95 ; à madame la vicomtesse Le Vavasseur, présidente, rue Saint-Dominique, 40, et à madame Delpit, rue Saint-Dominique, 40.

Pour les secours et les visites, on doit s'adresser aux Sœurs de charité des paroisses que visite l'Œuvre.

Les dons et souscriptions peuvent être envoyés à madame la princesse de Bauffremont, trésorière, rue de Varennes, 59.

OEUVRE DE SAINTE-GENEVIÈVE,

EN FAVEUR DES PAROISSES DE LA BANLIEUE DE PARIS.

L'Œuvre a pour but de former, dans chacune des paroisses de la banlieue, un établissement à la fois religieux et charitable, qui procure des secours et des soins aux malades au sein des familles indigentes et laborieuses, et réunit les jeunes filles pour les élever dans des principes religieux.

Cette Œuvre se soutient au moyen d'une souscription annuelle de 5 fr. par souscripteur.

Déjà quatre maisons de *Sœurs de la Charité* sont régulièrement organisées : la première dans la paroisse de *Saint-Ferdinand des Thernes ;* la deuxième à *L'Hay ;* la troisième à *La Chapelle*, et la quatrième à *Bercy*.

Un conseil, composé de dames de l'*Œuvre des pauvres malades*, a la direction de cette Œuvre nouvelle.

Présidente : Madame la marquise Le Bouteiller.

Directeur : M. l'abbé Étienne, supérieur général des Lazaristes.

On peut s'adresser, soit pour souscrire, soit pour déposer des dons, à madame Mailly, trésorière, rue de Sèvres, 23.

OEUVRE

DE LA VISITE DES PAUVRES MALADES DANS LES HOPITAUX,

ET ASILE DU COEUR DE MARIE

POUR LES JEUNES FILLES CONVALESCENTES.

Les dames de l'Œuvre, l'une des plus anciennes de la ville de Paris, visitent dans les hôpitaux les femmes malades, leur portent des secours spirituels et temporels, assistent leurs familles pendant leur séjour à l'hôpital, et continuent de les visiter et de les secourir à domicile pendant leur convalescence. A leur sortie de l'hôpital, les jeunes filles qui ont été visitées par l'Œuvre sont recueillies dans l'Asile, où elles achèvent leur convalescence en s'occupant à des travaux d'aiguille, jusqu'à ce que leurs protectrices leur aient trouvé une place ou du travail.

La maison fondée en 1840 sous le nom d'*Asile du Cœur de Marie*, est située rue Notre-Dame des Champs, 35; 1,700 jeunes filles y ont été reçues depuis la fondation, et ont été ensuite placées par les soins de l'Œuvre.

Les dames de l'Œuvre ont fondé une bibliothèque de bons livres qu'elles prêtent aux malades, et un ouvroir dit *de Saint-Joseph*, où chaque semaine des personnes charitables consacrent quelques heures du vendredi à la confection des vêtements pour les pauvres malades et leurs enfants. L'Œuvre a fondé dans l'Asile 12 lits pour les petites filles sortant de l'hôpital de l'Enfant-Jésus, moyennant une souscription de 3 fr. par an, fournie par des enfants au-dessous de quinze ans.

L'Œuvre reçoit des secours du ministre de l'Intérieur; elle a une quête annuelle, des souscriptions et une allocation de l'administration des hospices pour l'admission à l'Asile de douze jeunes filles sortant des hôpitaux.

On peut s'adresser, pour les souscriptions, les recommandations de malades et les demandes de secours, à M. l'abbé de Girardin, supérieur de l'Œuvre; à madame la comtesse de Gontaut-Biron, présidente, rue Saint-Dominique, 69; à madame la comtesse de La Bouillerie, douairière, trésorière, rue de Varennes, 28; à mademoiselle Picot, secrétaire, rue Notre-Dame-des-Champs, 35.

Et pour l'Asile, à mademoiselle Loison de Guinaumont, rue Notre-Dame-des-Champs, 35.

MAISON DE SANTÉ

DES HOSPITALIERS DE SAINT-JEAN DE DIEU,

RUE OUDINOT, 19.

Cette maison, fondée en 1843, est établie pour le

traitement des hommes malades, le soin des convalescents et des valétudinaires; elle n'en admet aucun qui soit atteint de maladie secrète, contagieuse, incurable ou mentale.

La pension varie selon la grandeur et la position des appartements.

La pension se paye par quinzaine ou par mois, et *d'avance.*

Les malades peuvent recevoir des visites, depuis neuf heures du matin jusqu'à huit heures du soir; mais les dames, sauf quelques cas extraordinaires, ne sont admises que de une heure à quatre heures de l'après-midi, et de plus, pendant les trois mois d'été, de six à huit heures.

L'établissement reçoit, en outre, pour les soigner gratuitement dans leurs maladies, des personnes que leur éducation, leur position, leurs habitudes éloignent des hôpitaux, et qui cependant manquent des moyens nécessaires pour se faire traiter chez elles convenablement.

SOCIÉTÉ DE LA PROVIDENCE.

Cette Société, fondée en 1805, paye des pensions ou des portions de pension pour des vieillards des deux sexes, qu'elle a placés à l'hospice de l'Asile de la Providence: elle procure une éducation chrétienne et fait apprendre des métiers à des enfants indigents; enfin elle distribue des secours à des familles malheureuses.

Ses ressources consistent dans la souscription annuelle de 20 francs versée par les sociétaires et dans le produit d'une quête.

Les dons, souscriptions et demandes de secours peuvent être adressés à M. Goffin, administrateur-trésorier, rue des Vieilles-Étuves Saint-Honoré, 3.

ASILE DE LA PROVIDENCE,

(CHAUSSÉE DES MARTYRS, 15. (HORS LA BARRIÈRE DES MARTYRS.)

Fondé le 1er septembre 1804, par M. le chevalier de La Vieuville, et créé établissement public par ordonnance du roi du 24 décembre 1817, l'Asile de la Providence est destiné à servir de retraite à des vieillards des deux sexes de la ville de Paris, âgés d'au moins 60 ans.

Il renferme 56 lits; 4 sont accordés gratuitement, dont 2 à la nomination de la famille des fondateurs, 2 à celle du ministre de l'Intérieur. Le prix de la pension pour les 52 autres est de 600 fr.

L'Asile est dirigé par un administrateur en chef

sous la surveillance d'un conseil et sous l'autorité du ministre de l'Intérieur.

Le service intérieur est confié aux dames hospitalières de Nevers.

Ses ressources consistent dans la moitié du produit de la quête annuelle faite par la Société de la Providence, dans une subvention du conseil municipal de Paris, et dans le payement des pensions acquittées soit par le ministre de l'Intérieur, soit par la Société de la Providence, soit par les familles ou protecteurs des vieillards admis.

Pour obtenir un lit, on doit s'adresser, suivant l'origine de sa fondation, au ministère de l'Intérieur, à M. le baron de Tourolle, administrateur en chef de l'Asile, rue Barbet de Jouy, 32.

SOCIÉTÉ PHILANTHROPIQUE.

La *Société philanthropique*, fondée en 1780 et reconnue établissement d'utilité publique par ordonnance du 27 septembre 1839, a deux buts :

Le premier est le traitement à domicile des malades qui, n'étant pas inscrits au bureau de bienfaisance, se trouvent, par des pertes et l'interruption de tout travail qu'entraîne la maladie, hors d'état de pourvoir aux besoins de leur famille et aux exigences de leur traitement.

Le second est la distribution de soupes, de riz ou de haricots, à 5 centimes la portion, aux ouvriers et aux pauvres. La Société a fondé, sous le nom de dispensaires, six établissements dans lesquels les malades recommandés par les souscripteurs reçoivent des consultations et des médicaments gratuits.

La souscription est de 30 fr. par an. Elle donne droit à une carte de dispensaire et à un cent de bons de soupes et légumes.

La carte est valable pour un an ; celui dont elle porte le nom peut faire soigner par un médecin du dispensaire de son quartier tel malade qu'il désigne. Il suffit d'envoyer la carte à l'agent du dispensaire avec une lettre indicative du nom et de la demeure de la personne recommandée.

Lorsque le traitement est terminé, la carte est renvoyée au souscripteur, qui, chaque fois qu'elle lui revient, peut, dans le cours de l'année, l'appliquer à un nouveau malade, sauf le cas où elle a été appliquée à un accouchement : alors elle ne peut plus être employée que trois mois après.

Le malade auquel la carte est appliquée est visité et traité par le médecin ou le chirurgien attaché au dispensaire, qui lui fait avoir gratuitement chez les pharmaciens de la Société les médicaments dont il a besoin.

Un comité, composé de cinquante membres nommés par les souscripteurs, est chargé de l'administraion de la Société, des dépenses, de la distribution les secours et de la surveillance des dispensaires et les fourneaux.

Le premier dispensaire (pour le service des 1er et 2e arrondissements), rue Gaillon, 17. Agent : M. Dechatelus.

Le deuxième (3e, 5e et 6e arrondissements), rue Saint-Denis, 328, et rue du Ponceau, 42. Agent : M. Jumeaux.

Le troisième (7e, 8e et partie du 9e arrondissement). rue Saint-Antoine, 86. Agent : M. Baget.

Le quatrième (12e arrondissement), rue Contrescarpe Saint-Marcel, 23. Agent : M. Sardine.

Le cinquième (10e et 11e arrondissements), rue du Dragon, 10. Agent : M. Delorme.

Le sixième (4e et 9e arrondissements), rue Saint-Honoré, 115. Agent : M. Payen.

Les fourneaux sont placés :

Rue de la Poterie, 2, Halle aux Draps.

Rue du Fauconnier, 5.

Rue du Cloître-des-Bernardins, 4.

Rue de Monceaux, 21.

Rue de Sèvres (Incurables), 54.

Rue Saint-Bernard, 31.

Rue Ménilmontant, 70.

Rue du Grand-Saint-Michel, 11.

Rue Saint-Sauveur, 9.

Rue de l'Épée-de-Bois, 3.

Rue Saint-Dominique Saint-Germain, 185.

Rue du Vert-Bois, 10.

Rue de la Jussienne, 16.

Les fourneaux ne sont ouverts que pendant les mois d'hiver. Des affiches placées aux portes des fourneaux annoncent leur ouverture et leur fermeture.

Pour les souscriptions, les cartes de dispensaire et les bons, il faut s'adresser au chef-lieu de la Société, rue du Grand-Chantier, 12, au Marais.

Agent général : M. Lebon.

OEUVRE

DES PETITES SŒURS DES PAUVRES.

L'*Œuvre des Petites sœurs des pauvres,* qui a pour but de servir, de nourrir, de consoler les vieillards des deux sexes, a commencé à Saint-Servan, petite ville de Bretagne.

Fondée en 1840 par M. l'abbé Le Pailleur, elle n'avait, au début, que deux jeunes filles et une ancienne servante, Jeanne Jugan, à qui l'Académie française a accordé un prix de vertu.

La congrégation compte aujourd'hui trois cents filles ; elles servent et nourrissent quinze cents vieillards en France.

Elle n'a d'autres ressources pour se suffire que son zèle et la charité publique.

Dix-sept maisons ont été successivement ouvertes, savoir :

Une à Saint-Servan ; une à Rennes ; une à Dinan ; une à Tours ; une à Nantes ; une à Besançon ; une à Angers ; une à Bordeaux ; une à Nancy ; une à Rouen ; une à Laval ; une à Lyon ; une à Marseille ; une à Lille ; deux à Paris : la première, rue Saint-Jacques, 277 ; la deuxième, rue du Regard, 18, fondée, en faveur des vieillards du dixième arrondissement, avec le concours de la 10e légion de la garde nationale. La légion a réservé, pour chaque compagnie, le droit de disposer de deux lits, en donnant une somme de 100 fr. ou de 80 fr., selon le sexe des pensionnaires. Une maison a été établie à Londres, sur la demande du cardinal Wiseman. Elle a déjà recueilli quarante vieillards.

ASILE-OUVROIR DE GÉRANDO,

RUE CASSINI, 4.

Cet établissement, fondé en 1839 par M. le baron de Gérando, pair de France, et reconnu comme établissement d'utilité publique par ordonnance royale du 2 août 1843, est destiné à recueillir les jeunes filles victimes d'une première faute, et que leur état d'abandon, à leur sortie des hôpitaux, exposait à tous les dangers de la corruption et de la misère.

Admises sur la recommandation du directeur de l'hôpital ou du comité de l'Œuvre, elles sont nourries, vêtues, instruites, et gardées jusqu'au moment où on peut leur procurer du travail ou une place.

L'Asile leur est encore ouvert lorsque, n'ayant pas cessé de se bien conduire, elles se trouvent sans place et exposées dans le monde. Une petite association a été fondée par les soins de l'aumônier, entre les femmes sorties de l'Asile. Elles s'y réunissent une fois par mois pour recevoir des exhortations et des conseils.

La moyenne de la durée du séjour dans l'Asile a été de quarante-cinq jours.

Chaque convalescente a coûté à peu près 100 fr.

Le ministre de l'Intérieur, l'administration des hospices, le conseil municipal ont concouru par leurs subventions à la fondation et au progrès de l'Asile.

Les dons et souscriptions sont reçus chez M. Alfred Thureau d'Angin, trésorier de la Société, rue Garancière, 13.

Les demandes d'admission doivent être adressées à mademoiselle Mourin, directrice de l'établissement, rue Cassini.

MAISON DE NAZARETH,

RUE NOTRE-DAME-DES-CHAMPS, 2.

C'est un asile préparé par la charité de quelques familles d'ouvriers à vingt vieux ménages ou personnes isolées, qui y trouvent un logement gratuit.

Chacun d'eux a une chambre séparée. Une grande salle, chauffée et éclairée en hiver, sert de pièce commune.

Cette retraite, fondée depuis plus de deux ans, sous les auspices de la Société de Saint-Vincent de Paul, est particulièrement destinée aux membres de la Sainte-Famille, association formée entre un grand nombre de familles ouvrières.

Tous les membres de l'association qui le peuvent donnent un sou par semaine pour l'entretien de la Maison de Nazareth, et six d'entre eux font partie du conseil d'administration.

Une quête est faite chaque année, le quatrième dimanche de décembre, à la réunion du soir, en l'église Notre-Dame des Victoires.

Le conseil d'administration, siégeant rue du Regard, 14, se compose de M. le curé de Saint-Sulpice, de neuf membres de la Société de Saint-Vincent de Paul, et de six membres de la Sainte-Famille.

SOCIÉTÉ

EN FAVEUR DES PAUVRES VIEILLARDS.

Cette Société, composée de dames catholiques et de dames protestantes, existe depuis 1802; elle donne des vêtements aux vieillards indigents, leur fournit des draps et des couvertures.

Les dons peuvent être adressés à madame Grivel, *trésorière*, à la Banque.

SOCIÉTÉ DES AMIS DES PAUVRES.

Elle a pour but principal de tirer les indigents de leur position en leur faisant des avances pour achat d'outils et de matériaux, en payant leur voyage et la pension de leurs enfants.

Elle est composée de catholiques et de protestants.

Tout indigent présenté à la Société reçoit un patron, qui surveille ses intérêts, l'assiste de ses conseils et le visite au moins une fois par mois. Nul indigent n'est adopté avant d'avoir été visité par deux membres de la Société.

Les souscriptions et les demandes de secours peuvent être adressées à M. Louis Meyer, *président*, quai de Béthune, 2 ; à M. Morel Fatio, *trésorier*, rue Lafitte, 5.

SOCIÉTÉ CENTRALE

D'ÉDUCATION ET D'ASSISTANCE POUR LES SOURDS-MUETS EN FRANCE.

La Société a pour objet de s'occuper du sort physique et moral des sourds-muets de l'un et de l'autre sexe, et de leur assurer, dans toutes les conditions et à toutes les époques de la vie, une protection et un patronage permanents;

Elle procure aux enfants le bienfait de l'éducation, aux adultes des moyens d'existence par le travail; suit leur destinée dans le monde, les protége, les surveille, complète leur instruction, les éclaire sur leurs devoirs, défend leurs intérêts, facilite leurs rapports avec la Société;

Elle leur offre les secours de la médecine et de la religion; assure le repos de leur vieillesse;

Elle les assiste enfin dans toutes les situations difficiles où ils peuvent se trouver placés, et diminue ainsi les inconvénients de leur infirmité.

La Société est administrée par un conseil supérieur :

Président : M. Dufauré, rue Lepelletier, 20.

Secrétaire : M. Léon Vaïsse, professeur à l'Institut national des Sourds-Muets.

Trésorier : M. Nau-Beaupré, agent comptable de l'Institut national des Sourds-Muets, rue Saint-Jacques, 254.

— Une autre Société ayant le même but a été fondée par le docteur Blanchet ; elle est présidée par M. le curé de Saint-Roch, et a pour trésorier M. Carteron, rue de l'Université, 13.

SOCIÉTÉ DE PATRONAGE ET DE SECOURS

POUR LES AVEUGLES EN FRANCE,

BOULEVARD D'ENFER, 8 BIS.

La Société s'attache à protéger l'aveugle dans tous les instants de sa vie, à élever l'enfant aveugle, à donner du travail à l'adulte, à nourrir le vieillard.

Elle exclut de ses secours l'aveugle mendiant.

Elle a fondé, boulevard d'Enfer, 8, un atelier où un certain nombre d'aveugles sont occupés à des travaux de vannerie, brosserie, pour les hospices de Paris.

Le prix de la pension annuelle est de 250 fr. ; le prix du trousseau, 150 fr.

Tout membre de la Société doit s'obliger à une cotisation annuelle de 6 francs.

L'Œuvre est administrée par un conseil élu par les membres de la Société.

On doit s'adresser, pour s'associer ou obtenir des secours, à M. Dufau, fondateur et secrétaire général de la Société, boulevard des Invalides; 32, à l'Institution nationale des Aveugles, ou à M. Pélissier, secrétaire général, boulevard d'Enfer, 8 *bis*.

Les réunions du conseil ont lieu chaque mois, au ministère de l'intérieur.

SOCIÉTÉ DE PATRONAGE

DES ALIÉNÉS CONVALESCENTS.

Cette Société visite à domicile les aliénés sortis guéris de Bicêtre et de la Salpêtrière, leur distribue des secours et leur assure les bienfaits d'une protection charitable.

Les ressources se composent des cotisations de ses membres, de souscriptions tant à Paris que dans les départements, d'une subvention des hôpitaux et du ministère de l'Intérieur, et du produit d'une quête faite à un sermon annuel.

Les assemblées générales ont lieu sous la présidence de l'Archevêque de Paris,

Le secrétaire est M. Paul de Tascher.

Les dons et souscriptions doivent être adressés à M. Daucher, *trésorier*, rue Saint-Guillaume, 12.

SOCIÉTÉ CHARITABLE

DE SAINT-FRANÇOIS RÉGIS.

La *Société de Saint-François Régis* a été fondée en 1826 pour faciliter le mariage civil et religieux des pauvres du diocèse de Paris qui vivent dans le désordre, et la légitimation de leurs enfants naturels.

Elle se charge de la production de tous les actes et renseignements nécessaires à la célébration du mariage.

Elle sollicite de l'administration des hospices la remise gratuite des enfants déposés à l'hospice des Enfants trouvés et des Orphelins, qui ont été depuis légitimés par le mariage de leurs parents.

Elle s'occupe aussi de faire venir les actes de naissance nécessaires pour l'admission des infirmes et des vieillards aux hospices et maisons de retraite du département de la Seine.

Elle procure, sur la demande des Frères des écoles chrétiennes ou des Sœurs de la charité, les actes de baptême requis pour la première communion des enfants pauvres.

La Société, se chargeant de tous ces frais, ne peut que par exception accorder des secours aux familles dont elle s'occupe.

Elle reçoit le dimanche, de midi à deux heures, rue Garancière, 6, les pauvres qui se présentent pour la première fois, et qui sont dans les conditions de l'Œuvre.

Ils doivent être porteurs d'une lettre de recommandation, soit de messieurs les curés ou prêtres des paroisses de Paris, de messieurs les maires et adjoints, soit des Sœurs de la charité, des membres des bureaux de bienfaisance ou d'associés aux Œuvres de charité de la capitale; et d'une lettre constatant que les parents ont été consultés sur le mariage projeté, et qu'ils donneront leur consentement en règle lorsque la Société le leur demandera à ses frais.

A moins d'empêchements graves, il est nécessaire que le futur accompagne sa future. Si les futurs sont malades, la Société fait prendre à leur domicile les renseignements nécessaires à la levée des actes.

Dans le cours de la semaine, le bureau est ouvert de dix heures à midi, *mais pour les futurs déjà inscrits seulement.*

La Société a établi des conférences qui ont lieu tous les dimanches de l'année, 1° à onze heures précises, rue Saint-Jacques, 193, dans la chapelle des Dames de Saint-Michel; 2° à deux heures et demie du soir, à l'église Sainte-Marguerite, rue Saint-Bernard, faubourg

Saint-Antoine; 3° et à midi, à l'église paroissiale de la Madeleine, dans la chapelle basse.

Ces conférences ont pour objet l'instruction religieuse des pauvres qui sollicitent le mariage ou qui viennent d'être mariés.

Tous les dimanches, de onze heures à midi, rue Garancière, 6, de bons livres sont prêtés aux familles patronnées.

Les ressources de la Société se composent :

1° Des allocations faites annuellement par les hospices de Paris;

2° D'un secours du ministre de l'Intérieur;

3° Du produit d'une quête qui a lieu annuellement dans une des églises de Paris, à la suite d'un sermon de charité;

4° Des cotisations des membres, des associés et des offrandes des souscripteurs.

Le bureau et l'agence de la Société sont établis rue Garancière, 6.

Les demandes, ainsi que les offrandes de toute nature, peuvent être adressées à M. Gossin, ancien conseiller à la Cour d'appel de Paris, président, rue Garancière, 10; et à M. Debart, agent de la Société, rue Garancière, 10.

Depuis 1826, époque de sa fondation, jusqu'en 1851, la Société de Saint-François Régis a fait réhabiliter 21,692 ménages et légitimer 15,000 enfants.

Des Sociétés analogues sont déjà établies dans un rand nombre de villes de France et de l'étranger.

SOCIÉTÉ DE PATRONAGE

POUR LE RENVOI DANS LEURS FAMILLES DES JEUNES FILLES DE PROVINCE.

Le but de la Société, fondée en 1844 par M. de prmenin, est de renvoyer dans leur pays et leurs milles les jeunes filles qui viennent à Paris pour ouver une place, et qui, trompées dans leurs esérances, après avoir épuisé leurs ressources, sont xposées à tous les dangers de la misère et de l'abandon, et les femmes devenues sans moyens d'existence ar suite de l'abandon ou du décès de leur mari.

L'Œuvre se charge de toutes les démarches nécesaires pour faciliter le départ, des frais de voiture t de route; elle procure aux plus pauvres le logeent et la nourriture en attendant le départ.

Toutes les demandes doivent être adressées à I. l'abbé Abbadie, secrétaire général de l'Œuvre, rue oubert, 45.

ŒUVRE DU MONT-DE-PIÉTÉ.

Cette Association, fondée en 1849, a pour but de

venir en aide aux classes laborieuses, en dégageant les effets de première nécessité, tels qu'objets d'habillement et de literie, qu'un besoin pressant a contraint les familles indigentes de déposer au Mont-de-Piété.

L'Œuvre exclut absolument et sans exception tous articles de luxe, pour s'attacher uniquement à ceux dont la privation constitue une souffrance, dans la saison rigoureuse surtout.

Elle fonctionne plus particulièrement, dans le semestre compris entre le 1er octobre d'une année et le 30 mars de l'année suivante.

Chaque déposant pourra remettre aux mains de la trésorière ou de tout autre membre du comité, telles épargnes qu'il aurait pu effectuer, pour arriver, en les cumulant avec le maximum de la remise faite par l'Œuvre, à un dégagement plus élevé.

Il ne peut y avoir lieu généralement à plus d'un retrait par an, pour les mêmes déposants; mais l'Œuvre, pour les reconnaissances qui sont sur le point d'expirer, avise aux moyens d'éviter une vente préjudiciable aux intérêts des déposants.

Les objets retirés qui n'auraient pas pu être délivrés à leurs propriétaires seront, l'an expiré, réintégrés au Mont-de-Piété, l'opération de retrait se trouvant ainsi comme non avenue.

Les membres de l'Œuvre s'engagent à une cotisation qui ne peut être moindre de 30 centimes par mois.

Ces cotisations sont recueillies par les soins de dizainiers et de dizainières, agréés par le comité de l'Œuvre.

Toute personne qui aura cessé, pendant un an, de payer sa cotisation pourra être considérée comme ne faisant plus partie de l'Association.

L'Œuvre est dirigée par un comité composé d'un président, d'un vice-président, d'une vice-présidente-secrétaire, d'une trésorière, et de cinq conseillers et conseillères.

Il se réunit tous les mois, pendant le semestre d'hiver, et tous les trois mois dans le semestre d'été.

Chaque année a lieu une assemblée générale de tous les membres de l'Œuvre, dans laquelle le comité rend compte de ses opérations.

Le comité est sous la présidence de M. l'abbé Bautain, vicaire général.

S'adresser plus particulièrement, soit pour devenir membre de l'Œuvre ou envoyer des dons, soit pour réclamer le retrait de reconnaissances, à madame Savignon, vice-présidente-secrétaire, rue d'Isly, 9;

A mademoiselle Lequesne, trésorière, rue de Grenelle-Saint-Germain, 84.

———

SOCIÉTÉ DE SAINT-FRANÇOIS-XAVIER.

La *Société de Saint-François-Xavier* a pour but principal de procurer aux ouvriers l'instruction chrétienne, et des secours spirituels et temporels en cas de maladie. Elle est placée, dans chaque paroisse, sous la surveillance du curé et d'un prêtre qu'il désigne.

Les associés se réunissent une ou deux fois par mois, le dimanche, à sept heures du soir, dans l'église de leurs paroisses.

La séance est consacrée à des lectures faites par des membres sur des sujets d'histoire et de science, à des instructions religieuses et à des exercices de piété.

A la fin de chaque séance, des livres sont tirés au sort entre les associés présents.

A la fin de chaque année, des diplômes d'honneur sont distribués solennellement aux membres qui ont assisté régulièrement aux séances, en témoignage de leur assiduité.

L'association se compose de membres titulaires payant une cotisation mensuelle, et de membres honoraires, protecteurs de la Société.

Le produit des souscriptions forme une caisse de secours mutuels entre les associés, qui sont visités et aidés dans leurs maladies.

Pour faire partie de la Société, il faut avoir au

moins dix-sept ans, et assister à trois séances consécutives.

Fondée en 1837, à l'école d'adultes des Frères des Écoles Chrétiennes de la paroisse Saint-Nicolas des Champs, cette Œuvre se répandit bientôt dans les diverses paroisses de Paris, à Sainte-Marguerite, à Saint-Sulpice, à Saint-Pierre du Gros-Caillou, à Saint-Louis en l'Ile, à Saint-Laurent, à Saint-Roch, à Saint-Gervais, à Saint-Ambroise, à Saint-Jacques du Haut-Pas, à Saint-Étienne du Mont, à Saint-Eustache, etc.

OEUVRE DE LA SAINTE-FAMILLE.

L'*Œuvre de la Sainte-Famille*, fondée en 1844 dans la paroisse de Saint-Sulpice, réunit les pauvres de la paroisse, une fois par mois, dans la salle basse de Saint-François-Xavier, pour y entendre la messe et suivre les exercices de piété et d'instruction.

Une loterie est tirée, à la fin de chaque séance, entre les membres présents.

Les soins des médecins et les médicaments gratuits, et quelques légers secours, leur sont donnés dans leurs maladies, et une bibliothèque de livres instructifs et amusants est mise à leur disposition.

Les personnes qui veulent s'associer à l'OEuvre

peuvent se faire inscrire chez les Sœurs de Charité, rue de Vaugirard, 88, ou rue du Regard, 14.

Des Saintes-Familles ont été établies :

A Saint-Étienne du Mont (au séminaire du Saint-Esprit). Trésorier : M. Combesis.

A Saint-François-Xavier (chez les Lazaristes, rue de Sèvres, 95). M. de Sandrans, 88, rue du Cherche-Midi.

A Saint-Pierre Gros-Caillou (place Dupleix). M. le comte de Montaut, 84, rue de Lille.

A Saint-Roch, chapelle des Catéchismes. M. Alcans, 29, rue du Vieux-Colombier.

A Sainte-Élisabeth, au Temple.

A Saint-Thomas-d'Aquin, à l'église. Président : M. de Margerie, 32, rue du Bac.

ASSOCIATION DES DOMESTIQUES,

DITE DES SERVANTES DE MARIE,

RUE DE SÈVRES, 29.

Cette Association, placée sous la protection de monseigneur l'Archevêque de Paris, a pour directeur M. de la Bouillerie, vicaire général.

Elle est établie : 1° pour donner aux femmes qui sont en service la faculté de persévérer dans l'accomplissement de leurs devoirs de religion et d'état; 2° pour leur fournir un asile convenable en cas de nécessité.

Des Demoiselles directrices, formant entre elles une Association différente de celle des *Servantes de Marie*, sont chargées de diriger gratuitement cette Association.

Pour être reçue au nombre des associées, il faut être en place, avoir une bonne réputation et payer une cotisation de six francs par an.

Les associées malades ou sans place sont reçues dans la Maison, moyennant une pension de 75 centimes par jour. Elles y trouvent un travail qui paye une partie de leur dépense.

Les associées sont placées sans aucune rétribution.

La Maison a reçu cent quarante personnes en 1851. La moyenne de séjour est de huit à quinze jours.

L'Œuvre reçoit des jeunes filles non associées, en attendant qu'elles soient placées. Leur pension est de un franc par jour.

ASSOCIATIONS DE CHARITÉ
DANS LES PAROISSES.

Dames de charité.

Dans un grand nombre de paroisses de Paris, il existe une Association de dames de charité, présidée par M. le curé.

Ces dames se partagent entre elles les pauvres, les visitent, leur distribuent, conjointement avec les

Sœurs de Saint-Vincent de Paul, les aumônes recueillies dans l'église ou remises à M. le curé, et remplissent envers eux tous les devoirs de protection et de charité.

Elles se réunissent périodiquement au presbytère pour prononcer sur l'admission des pauvres et la répartition des secours.

Toute demande de secours doit être adressée à M. le curé de la paroisse.

Il se fait tous les ans, dans chaque église, une ou plusieurs quêtes pour les pauvres de la paroisse, et dont le produit est distribué par les dames de charité.

A Saint-Roch et aux Missions, il se fait en outre une quête pour les pauvres honteux de ces deux paroisses.

L'*Association du Bon-Secours*, sur la paroisse Saint-Eustache, visite et secourt les pauvres.

L'*Association des Dames de la Providence*, établie depuis 1822, sur la paroisse Bonne-Nouvelle, secourt les pauvres honteux, leur prête du linge, et élève douze orphelins.

ASSOCIATIONS CHARITABLES

DES ARRONDISSEMENTS.

L'Association de charité du premier arrondissement

s'est formée en 1831 ; elle est composée de dames appartenant à différents cultes; elle distribue aux pauvres des secours en nature, des aliments, des vêtements, du bois, des médicaments, des outils et des matériaux pour le travail.

L'Association s'occupe, en outre, de faire admettre les vieillards les plus nécessiteux dans les hospices, et de placer les jeunes enfants des deux sexes dans des établissements de charité ou dans des maisons d'apprentissage.

Un comité de vingt dames, se réunissant tous les quinze jours en hiver, et une fois par mois en été, délibère sur les demandes et distribue les secours.

Chaque membre du comité donne 6 fr. comme droit d'entrée, et s'engage à procurer à l'Association le plus de souscripteurs qu'il lui sera possible.

Moyennant une souscription annuelle de 50 fr., on peut recommander une famille, dans l'année, aux secours de l'Association.

Lorsqu'une dame devient membre du comité, elle a le droit de faire admettre deux familles.

Les ressources de la Société proviennent, outre les souscriptions annuelles, d'une vente qui a lieu la première semaine de carême.

Les demandes doivent contenir un exposé circonstancié de la misère, et être adressées à madame la comtesse des Essarts, *trésorière*, rue Basse-du-Rempart, 66, ou à mademoiselle Filleau, *secrétaire*, rue Godot-Mauroy, 36.

— Des Associations charitables ayant le même but, et à peu près la même organisation et le même genre de ressources, sont établies dans divers arrondissements.

Dans le 2e arrondissement, cette Œuvre se compose de quatre cents dames, qui se partagent en comités de cinq dames adoptant chacun une ou plusieurs familles auxquelles elles distribuent du pain, de la viande, du bouillon, etc.

L'Œuvre prête du linge aux pauvres, les aide à payer leur loyer, et offre des médicaments à ceux qui ne sont pas inscrits au bureau de bienfaisance.

Les dons et les demandes de secours peuvent être adressés :

A Mesdames de Vatry, *présidente,* rue Notre-Dame de Lorette, 20; et Scribe, *trésorière,* rue Olivier-Saint-Georges, 16.

— L'Association du 10e arrondissement est présidée par madame la marquise de Mornay, rue de l'Université, 51.

CAISSE D'ÉCONOMIE

POUR LES LOYERS DES FAMILLES OUVRIÈRES OU INDIGENTES,

RUE DU REGARD, 14.

La Société de Saint-Vincent de Paul (Conférence de Saint-Sulpice) a créé, en faveur des familles ouvrières ou indigentes, une Caisse d'économie, avec faculté pour elles d'y mettre en réserve, par dépôts successifs, aussi multipliés et aussi modiques qu'elles le jugeront à propos, les ressources applicables à leurs loyers.

A la fin de chaque trimestre, il est accordé à chacun des déposants une prime d'encouragement proportionnée à l'importance du dépôt total, à raison de 20 pour 100 pour les deux premiers mois, et de 10 pour 100 pour le dernier.

Un conseil d'administration est constitué pour l'examen des titres des familles, le règlement et le contrôle des opérations de la caisse.

Les primes d'encouragement sont payées par la Conférence de Saint-Vincent de Paul, au moyen des fonds qu'elle affecte à cette bonne œuvre sur ses ressources propres, et à l'aide des dons ou cotisations qui lui sont remis pour cette destination.

S'adresser, pour toutes les affaires concernant la

Caisse, à M. le comte de Montaut, trésorier, au siége de l'Œuvre.

Les cotisations peuvent aussi être envoyées à M. le curé de Saint-Sulpice, président honoraire de l'Œuvre.

Des caisses-loyers ont été fondées pour les paroisses de Saint-Germain des Prés, de Saint-Thomas d'Aquin, rue de Verneuil, 52; de Sainte-Valère, rue Saint-Dominique, 125; de Saint-Nicolas du Chardonnet, de Saint-Louis d'Antin, de Notre-Dame de Lorette.

— Une Caisse d'économie pour les loyers a été fondée par le bureau de bienfaisance du 12e arrondissement. Les dépôts sont reçus tous les lundis, de 9 heures à midi, au bureau de bienfaisance.

FOURNEAUX ÉCONOMIQUES

EN FAVEUR DES PAUVRES.

Un Fourneau a été établi rue du Regard, 14, par les soins de l'Œuvre de Saint-Vincent de Paul, pour la distribution de soupes, riz, légumes, bouillon, viande et bons de pain; il est ouvert du 1er décembre au 1er mai.

Prix des bons :

Bons de pain, légumes, soupes, riz, etc.	10 c.
De bouillon gras (trois quarts de litre)	15
De viande (une demi-livre environ).	15

D'autres Fourneaux ont été fondés rue de l'Estrapade, 11; rue Saint-Quentin, 26, et à Grenelle : les trois premiers sont ouverts toute l'année.

L'*Œuvre de la Marmite des Pauvres*, qui existait depuis longtemps, paroisse Saint-Nicolas des Champs, a été rétablie rue du Vert-Bois, 50, par une Association, sous la présidence de M. le curé.

Elle a pour but de procurer, pendant tout le cours de l'année, des bouillons aux malades, et de la viande aux vieillards et infirmes. Elle fournit des objets de vêtement aux enfants pauvres. L'Œuvre se soutient par un sermon.

Elle s'étend aussi aux paroisses de Sainte-Élisabeth et de Saint-Eustache.

CHAPITRE III.

INSTITUTIONS D'ASSISTANCE ET DE PRÉVOYANCE PUBLIQUES.

§ Ier. — *Assistance publique.*

ADMINISTRATION GÉNÉRALE DE L'ASSISTANCE PUBLIQUE,

RUE NOTRE-DAME, 2.

Cette Administration, réorganisée par la loi du 10 janvier 1849, se compose d'un directeur responsable, d'un conseil de surveillance, d'un secrétaire général, de trois divisions et de deux inspecteurs.

Seize hôpitaux, onze hospices, quatre établissements de service général, trois établissements divers qui, par leur but charitable, rentrent dans sa spécialité, sont placés sous sa direction.

Conseil de surveillance : Il est composé de M. le préfet de la Seine, président ; de M. le préfet de police, membre de droit ; de membres de la Commission municipale, de maires, d'administrateurs des bureaux de bienfaisance, de magistrats, de médecins, etc.

Directeur : M. Davenne.
Inspecteurs : MM. Vée et Blondel.

PREMIÈRE DIVISION. — *Hôpitaux et Hospices.*

Chef de division : M. Battel.
Chef de bureau : M. Varennes.
Sous-chef : M. Bazin.

DEUXIÈME DIVISION. — *Secours à domicile, Bureaux de bienfaisance, Fondation Montyon, Enfants trouvés et Orphelins, Maison d'accouchement, Filature des indigents, Direction des nourrices.*

Chef de division : M. de Cambray.
Chefs de bureau : MM. Delannoy et Allard.
Sous-chefs : MM. Fontaine et Bluysen.

TROISIÈME DIVISION. — *Domaines et Comptabilité.*

Chef de division : M. Censier.
Chefs de bureau : MM. Hamel, Minachon et Bailly.
Sous-chefs : Darnay, Choiset, Poisson et Haranger.

SECRÉTAIRE GÉNÉRAL : Bureau central, Cave générale, Boulangerie, Boucherie, Pharmacie et Établissement de dissection de Clamart.

Chef de division : M. Dubost.
Chef de bureau : M. Girard.
Sous-chef : M. Dosne.
Secrétaire du bureau central : M. Gastebois.

CAISSE.

Receveur général : M. Guérin.

Chef de bureau : M. Jaubert.

Sous-chefs : M. Laü et Leguay.

Comité consultatif : MM. Choppin, de Vatimesnil, Paillet, Chaix d'Est-Ange, Jager-Smith, Allon, Plé.

Membres adjoints : MM. V. Hennequin et A. Debelleyme.

DIRECTION DES NOURRICES.

RUE SAINTE-APOLLINE, 17.

Directeur : M. Faulcon.

Médecin : M. Baron.

L'objet de l'institution de ce Bureau est de procurer aux habitants de Paris et de la banlieue, à un prix modéré, des nourrices sûres. Des précautions sont prises pour s'assurer de leur santé, de leur moralité, et l'Administration des hospices les fait surveiller avec soin. Les sommes dues aux nourrices et aux voituriers pour mois de nourriture, frais de voyage, frais de maladie et frais funéraires, sont garanties par le Bureau, sauf le recours de celui-ci contre les parents des enfants placés en nourrice; des préposés secondés par un certain nombre de médecins sont chargés du choix des nourrices, de leur payement et de leur surveillance.

Les receveurs se rendent journellement aux domiciles des familles pour y toucher les mois de nourrice, donner des nouvelles des enfants et faire connaître leurs besoins.

Le Bureau de la direction des nourrices est ouvert à six heures du matin en été, et à sept heures en hiver; il se ferme à dix heures du soir.

Les personnes qui veulent louer des nourrices doivent s'adresser au Bureau de la direction.

Un médecin est attaché à ce Bureau. Il en existe dans Paris treize autres, qui sont soumis à la surveillance de la préfecture de police, ainsi que six cents maisons de sevrage ou garderies.

HOSPICES DES ENFANTS TROUVÉS ET ORPHELINS RÉUNIS.

RUE D'ENFER, 74.

533 lits, desservis par les *Sœurs de St-Vincent de Paul.*

Cet établissement reçoit les enfants abandonnés et les orphelins pauvres de deux à dix ans.

Lorsqu'un enfant au-dessous de deux ans est déposé, il est dressé un procès-verbal des jour et heure du dépôt, de son sexe, de la manière dont il est vêtu, en un mot, de tous les indices qui plus tard peuvent servir à le faire reconnaître.

Lorsqu'un enfant est déposé au tour, sans indication de nom, il lui en est donné un qui est reproduit dans le procès-verbal d'abandon dressé par le commissaire de police ; l'enfant est désigné et inscrit sous ce nom sur le registre de l'hospice, qui est tenu secret. Si plus tard les recherches prescrites par le préfet de police font découvrir le nom véritable de l'enfant déposé, il lui est rendu, et rectification est faite sur le registre. Lorsque l'enfant est présenté ou comme abandonné ou orphelin, il ne peut être admis que sur l'ordre de M. le préfet de police.

Les pièces à produire pour le placement à l'hospice sont :

1° L'acte de naissance ;

2° Un certificat établissant, soit la position exceptionnelle des parents, soit l'abandon de l'enfant, résultant de la mort, de l'incarcération ou de la disparition du père et de la mère.

Tous les jours les médecins visitent les enfants nouveau-reçus : ceux qui sont bien portants sont envoyés en nourrice à la campagne après quelques jours d'épreuve ; les malades sont placés à l'infirmerie de la maison, et ceux qui sont trop faibles pour le voyage sont confiés à des nourrices sédentaires.

Les enfants placés à la campagne ne reviennent à

l'hospice que 1° pour être rendus à leurs parents; 2° pour être placés en apprentissage; 3° pour cause d'infirmités ou de maladies qui ne peuvent être traitées à la campagne; 4° pour inconduite notoire méritant correction paternelle.

Les parents ne peuvent obtenir des nouvelles de leurs enfants qu'en consignant la somme de 30 fr. Si l'enfant est mort, il est rendu 20 fr. aux parents sur la somme consignée; les 10 fr. restant sont gardés pour droit de recherche; s'il est vivant, les 20 fr. sont gardés à compte des frais de son éducation.

Les parents obtiennent la remise de leurs enfants en remboursant à l'administration les dépenses faites pour eux. Les remises gratuites ne sont accordées que par exception, après vérification de l'indigence et de la moralité des réclamants.

Outre ces enfants, l'hospice reçoit, à titre de dépôt, es enfants des malades indigents admis dans les hôpitaux, ceux dont les parents subissent une courte détention. Ces enfants sont remis sans frais aux parents dès que cesse la cause du dépôt.

Lorsqu'une personne veut se charger d'un enfant, elle ne l'obtient qu'après avoir donné des renseignements satisfaisants sur sa moralité, sur le travail auquel elle destine l'orphelin, et le soin qu'elle peut prendre de sa santé et de son éducation.

La réclamation d'un orphelin par ses parents se

fait aux mêmes conditions que celles indiquées pour les enfants trouvés.

Les enfants non réclamés restent jusqu'à leur majorité sous la tutelle de l'administration des hospices, et ils ne peuvent se marier ni contracter aucun engagement sans son consentement.

Pour chaque orphelin ou abandonné, placé à la campagne, l'administration des hospices paye, jusqu'à 1 an, 8 fr. par mois et l'entretien;

De 1 an à 2, 6 fr. id. id.

De 2 ans à 7, 5 fr. id. id.

De 7 ans à 12, 4 fr. id. id.

A douze ans l'enfant est placé gratuitement, son travail entrant en compensation de la dépense.

L'établissement est desservi par les sœurs de Saint-Vincent de Paul.

Directeur : M. Gourousseau.
Médecin : M. Roger.
Chirurgien : M. Morel-Lavallée.
Dentiste : M. Delabarre.

HOPITAL DES ENFANTS MALADES,

RUE DE SÈVRES, 149.

Cet établissement, fondé en 1735, sous le nom de *Maison des Filles de l'Enfant-Jésus*, fut longtemps asile et hôpital, et n'a reçu exclusivement cette dernière destination que le 8 mai 1802.

On y admet les enfants des deux sexes, de deux à quinze ans, quelle que soit leur maladie. Ceux qui sont atteints de maladies contagieuses sont placés dans des bâtiments séparés de l'hôpital par de vastes jardins.

Il contient six cents lits, savoir : deux cent douze pour les maladies aiguës, soixante-dix pour les cas qui réclament des opérations, et trois cent dix-huit pour les maladies chroniques et contagieuses.

Il est desservi par les Sœurs de Saint-Thomas de Villeneuve.

Directeur : M. de Chaumont.

Médecins : MM. Bonneau, rue Lancry, 12 ; Blache, rue de Rivoli, 10 *bis* ; Trousseau, rue Caumartin, 11 ; Bouvier et Gilette.

Chirurgien : M. Guersant, rue Sainte-Anne, 51 *bis*.

BUREAUX DE BIENFAISANCE.

Douze Bureaux de bienfaisance, sous la direction du préfet de la Seine et la surveillance de l'Administration générale de l'assistance publique, sont chargés de la distribution des secours à domicile dans les douze arrondissements de Paris.

Chaque Bureau se compose du maire, président-né,

et de ses adjoints, de douze administrateurs, nommés par le ministre de l'Intérieur.

Un nombre indéterminé de commissaires et de dames de charité, nommés par le Bureau, vient en aide aux administrateurs pour la visite des pauvres et la répartition des secours.

Un agent comptable, salarié et dont la responsabilité est garantie par un cautionnement, gère les finances du Bureau.

Des médecins et chirurgiens attachés à chaque Bureau donnent des consultations et des soins gratuits aux indigents de l'arrondissement, et vaccinent gratuitement leurs enfants.

Des sages-femmes, désignées par le Bureau, prêtent gratuitement leur ministère aux indigents qui le réclament.

Chaque arrondissement est partagé en douze divisions, chacune sous la surveillance d'un administrateur, qui, de concert avec les commissaires et les dames de charité, visite et assiste les indigents de sa division.

Chaque Bureau a une maison centrale pour l'administration et la tenue des séances, et plusieurs maisons de secours affectées à la distribution des secours, aux consultations gratuites, à la pharmacie, au dépôt de linge, vêtements, et aux combustibles.

Ces maisons sont confiées à la direction des Sœurs

de la Charité, chargées de la garde et de la délivrance des objets distribués aux pauvres.

Dans chaque Bureau de bienfaisance est ouvert un livre sur lequel sont inscrits tous les indigents secourus.

Le recensement triennal de ce rôle est fait par les délégués de l'Administration des hospices, de concert avec la commission désignée par les Bureaux de bienfaisance.

Nul indigent n'est admis que sur la délibération des Bureaux.

Ont droit à l'inscription au rôle des indigents et aux secours annuels des Bureaux de bienfaisance, lorsque l'indigence est constatée :

Les vieillards de soixante-cinq ans et au-dessus ;

Les individus qui ne peuvent pourvoir à leur existence par suite d'infirmités graves, telles que paralysie, cancer, tremblement général, rhumatisme goutteux, anévrisme, asthme goutteux ou suffocant, hydropisie, rachitisme, dartres incurables, hernies, privation d'un membre, surdité complète, surdi-mutisme, idiotisme, épilepsie, faiblesse de vue assez grande pour empêcher l'indigent de travailler.

Sont inscrits et secourus temporairement :

Les chefs de famille ayant au moins trois enfants au-dessous de quatorze ans,

Les veufs ou veuves avec deux enfants au-dessous de quatorze ans,

Les blessés,

Les malades,

Les femmes en couches ou nourrices,

Les enfants abandonnés, les orphelins au-dessous de seize ans.

L'indigent qui postule pour être admis doit justifier d'un an au moins de domicile dans Paris.

Les actes civils doivent être produits à l'appui des demandes, et les infirmités doivent être constatées par les certificats des médecins attachés au Bureau.

Les demandes d'admission et les réclamations de tout genre doivent être adressées à l'administrateur divisionnaire, qui donne audience une fois par semaine à la maison de secours de sa division, et porte la demande ou la réclamation à la première séance du Bureau.

Un tableau contenant les noms des médecins et chirurgiens, les jours et heures de leurs consultations, les noms et la demeure des administrateurs et des commissaires, le jour et l'heure de leurs audiences, est affiché dans chaque maison de secours.

L'indigent qui change d'arrondissement ne peut être admis au secours de l'arrondissement qu'il vient habiter qu'à la suite d'une admission nouvelle par les administrateurs de cet arrondissement, et sur le certificat de l'administrateur, du commissaire ou de la dame de charité constatant sa radiation de l'ancien rôle.

Les Bureaux de bienfaisance s'assemblent une fois par semaine, à jour fixe, afin de pourvoir aux nécessités de l'arrondissement.

Tous les mois, il est délivré à chacun des administrateurs, selon les ressources du Bureau et l'exigence des besoins, des cartes et bons applicables à diverses espèces de secours.

L'administrateur fait la répartition de ces cartes entre les commissaires et les dames de charité de sa division, d'après le nombre de leurs pauvres.

Les commissaires et dames de charité distribuent ces cartes, soit à domicile, soit à la maison de secours.

Les secours en nature consistent en pain, farine pour les mères nourrices, bouillon, viande cuite et crue, portions alimentaires de la Société philanthropique, bois, cotrets, falourdes, mottes, chemises, couvertures, layettes, blouses, pantalons, gilets, sabots, paillasses, pailles, bains à domicile, meubles, ustensiles, poêles. La quotité des secours est réglée pour chaque Bureau d'après le montant des recettes.

Le Bureau prête des draps sur la déclaration signée par les propriétaires, principaux locataires ou personnes connues qui répondent de la valeur du prêt, place les enfants en apprentissage et leur fournit quelques vêtements.

Tout indigent inscrit au Bureau est soigné gratuitement, en cas de maladie, par le médecin de sa division, est visité par les Sœurs, et reçoit tous les médicaments dont il a besoin.

Les secours en argent sont :

Pour les vieillards de 85 ans,	12 fr. par mois.
Pour ceux de 82 ans,	10 fr. par mois.
Pour ceux de 79 ans,	8 fr. par mois.
Pour ceux de 74 ans,	5 fr. par mois.
Et pour quelques vieillards de 70 à 74 ans,	5 fr. par mois.
Pour les aveugles,	5 fr. par mois.
Pour les paralytiques de deux membres,	3 fr. par mois.

Pour chaque enfant vacciné, il est donné 3 fr.

Ne reçoivent le secours de 10 et 12 fr. que les vieillards qui jouissent, depuis trois ans, du secours immédiatement au-dessous.

Le Bureau donne en outre quelques secours en argent : 1° pour faciliter les mariages; 2° aux mères nourrices malades; 3° aux vieillards non encore admissibles aux secours spéciaux ; 4° aux indigents malades traités à domicile, sur une attestation des médecins du Bureau ; 5° pour subvenir à des besoins urgents; 6° pour l'habillement des enfants à l'époque de la première communion. Il distribue les donations et legs qui ont pu être faits avec destination spéciale aux pauvres de l'arrondissement.

Les cartes de pain délivrées par les commissaires et

dames de charité sont portées chez les boulangers désignés par le Bureau.

Les cartes de viande crue chez les bouchers ; celles de viande cuite et de bouillon sont acquittées aux maisons de secours et à la Compagnie hollandaise.

Celles de bois, à la maison de secours, ainsi que les vêtements, draps, etc.

Les médicaments sont délivrés sur l'ordonnance des médecins à la maison de secours, ou chez les pharmaciens désignés par le Bureau.

Les bons pour l'argent sont payés par le trésorier du Bureau.

Nul ne peut être admis aux secours en argent que ur la production, pour les vieillards, de leur acte de naissance ; les aveugles, d'un certificat du Bureau central d'admission, qui constate leur cécité complète ; les paralytiques, d'un certificat d'infirmité. Les uns et les autres doivent justifier de dix années de domicile à Paris si l'inscription au rôle des indigents ne remonte qu'à un an, et de cinq ans, si cette insertion remonte à deux ans.

Les indigents inscrits au rôle peuvent encore obtenir du Bureau central d'admission, parvis Notre-Dame, 2, au moyen de certificats délivrés par les Bureaux de charité, la remise gratuite de bandages, jambes de bois, béquilles, et généralement tous les appareils nécessaires pour leurs infirmités ;

De la préfecture de police, les passe-ports gratuits, avec subvention de 15 c. par lieue;

L'autorisation du commissaire de police pour brocanter et vendre dans les rues;

La remise ou la modération des droits de patente;

L'exemption des droits d'enregistrement et de succession;

La délivrance, dans certains cas, des effets d'un parent décédé dans un hospice;

L'inhumation gratuite;

La délivrance gratuite des actes de l'état civil;

La faculté de se présenter au conseil des avocats, à la cour royale et à la cour de cassation, et aux chambres des avoués, des notaires et des huissiers, pour y recevoir gratuitement des consultations, et être pourvus de défenseurs dans leurs procès, ou assistés, suivant les cas, par les officiers ministériels.

Dans des circonstances tout à fait exceptionnelles, comme vol, meurtre, blessure, les pauvres obtiennent quelquefois du conseil général des hospices, et du membre de la commission administrative chargé de la division des secours à domicile, des secours extraordinaires, après constatation de leurs droits, et sur la demande des Bureaux auxquels ils appartiennent.

Les ressources des Bureaux de bienfaisance consistent en :

1° Une somme variable que le Conseil général des

hospices alloue tous les ans à chaque Bureau, selon la population, le nombre de ses indigents, les dons et les recettes des hospices;

2° Les collectes, souscriptions et quêtes, aumônes spéciales déposées dans les églises, dans les justices de paix;

3° Les legs et donations en faveur des pauvres de la ville de Paris.

Les Bureaux de bienfaisance reçoivent annuellement à peu près 1,200,000 fr., dont les trois quarts proviennent de l'Administration des hospices.

Répartie entre tous les indigents inscrits, cette somme ne donne pas une moyenne de plus de 16 fr. par individu.

Le rapport des indigents sur la population était d'environ, en 1833 1 sur 11.

en 1835 1 sur 12.9.

en 1838 1 sur 15.3.

en 1841 1 sur 13.

en 1847 1 sur 13.9.

en 1850 1 sur 16.3.

On a calculé qu'à peu près 25,000 malades étaient soignés à domicile, que pour chaque malade les médicaments coûtaient environ 2 fr. 50 c., et que les frais accessoires s'élevaient à 4 fr.

En 1851, le nombre des ménages indigents recevant des secours annuels ou temporaires a été de 28,724, composés de 63,133 personnes, ainsi réparties :

1er Arrond.	1 pauvre sur	27.8 personnes.	
2e	»	1	40.1.
3e	»	1	31.7.
4e	»	1	22.
5e	»	1	17.5.
6e	»	1	21
7e	»	1	19.
8e	»	1	10.3.
9e	»	1	11.8.
10e	»	1	14.2.
11e	»	1	17.2.
12e	»	1	8.7.

Bureaux de bienfaisance et Maisons de secours.

1er Arrond. — M. Parquin, *secrétaire-trésorier*. Bureau, rue d'Anjou-Saint-Honoré, 11 ; maisons, rue de la Ville-l'Évêque, 11 ; rue de Chaillot, 62 ; rue de Monceaux, 17.

2e Arrond. — M. Lobreau de Nouvion, *secrétaire-trésorier*. Bureau, rue Drouot, 6 ; maisons, rue Neuve-Saint-Roch, 9 ; faubourg Montmartre, 60.

3e Arrond. — M. Mayer, *secrétaire-trésorier*. Bureau, place des Petits-Pères ; maisons, rue de la Jussienne, 16 ; rue d'Enghien, 13.

4e Arrond. — M. Bardonnaud, *secrétaire-trésorier*. Bureau, place du Chevalier-du-Guet, 4 ; maison, place du Louvre, 14.

5e Arrond. — M. Quesnot, *secrétaire-trésorier*. Bureau, faubourg Saint-Martin ; maisons, rue Saint-Sauveur, 9 ; rue du Grand-Saint-Michel, 9 et 16.

6e Arrond. — M. Bronner, *trésorier*. Bureau, rue Vendôme, 11 ; maisons, rue Quincampoix, 33 ; rue Beaujolais, 5 ; rue du Vertbois, 10 ; rue Saint-Martin, 275.

7e Arrond. — M. Flotard, *secrétaire-trésorier*. Bureau, rue Sainte-Croix de la Bretonnerie, à la mairie ; maison, Cloître-Saint-Merry, 10.

8e Arrond. — M. Verdhurt, *secrétaire-trésorier*. Bureau, impasse des Hospitalières ; maisons, rue Saint-Bernard, 31 ; rue Saint-Antoine, 26 ; rue Popincourt, 18 ; rue de la Chaussée-des-Minimes, 10 ; rue de Cotte, 2.

9e Arrond. — M. Beugniez, *secrétaire-trésorier*. Bureau, rue Geoffroi-l'Asnier, 25 ; maisons, rue Poultier, 6 ; rue de la Colombe, 6 ; rue du Fauconnier.

10e Arrond. — M. Altairac, *secrétaire-trésorier*. Bureau, rue de Varennes, 39 ; maisons, rue Saint-Benoit, 14 ; rue Saint-Dominique, 187 ; rue Saint-Guillaume, 13 ; rue des Brodeurs, 10 ; rue Vanneau, 66.

11e Arrond. — M. Pelletier, *secrétaire-trésorier*. Bureau, place Saint-Sulpice, à la mairie ; maisons, rue de Vaugirard, 88 ; rue des Prêtres-Saint-Séverin, 10 ; cour Lamoignon, 4 ; rue Saint-André-des-Arcs, 39.

12e Arrond. — M. Grimonpré, *secrétaire-trésorier*. Bureau, place du Panthéon, à la mairie ; maisons, rue Saint-Jacques, 255 ; rue des Fossés-Saint Victor, 5 ;

rue du Cloître des Bernardins, 12 ; rue de l'Épée-de-Bois, 3.

CHAMBRES GRATUITES DES BUREAUX DE BIENFAISANCE.

Parmi les bureaux de bienfaisance, les 4e, 8e et 10e payent tout ou partie du loyer à un certain nombre de vieillards qui attendent leur placement dans un hospice.

Les 3e, 5e, 6e, 7e et 10e arrondissements ont des chambres gratuites.

Pour occuper une chambre gratuite, il faut avoir au moins soixante-dix ans ou produire un certificat de complète incapacité de travail, avoir habité l'arrondissement pendant trois ans, et n'avoir pas les conditions voulues pour être placé de droit aux hospices.

Le bureau nomme aux chambres vacantes sur la proposition des administrateurs, dont chacun peut présenter un candidat.

SECOURS D'HOSPICE.

En 1849, le choléra ayant sévi d'une manière affreuse dans les deux hospices de la vieillesse (Bicêtre et la Salpêtrière), la mortalité fut attribuée à une trop grande agglomération de population dans ces deux établissements. Par suite il fut décidé que l'on supprimerait 800 lits dans les deux hospices, et que, pour ne pas faire souffrir les pauvres de ces suppressions, on les remplacerait par 853 pensions à domicile que l'on appela *Secours d'hospice*, dont 553 pour les femmes et 320 pour les hommes.

Aux termes du règlement pour ce service, qui fonctionne depuis le mois de septembre 1850, les secours d'hospice sont distribués par les soins des douze bureaux de bienfaisance, et le nombre de ceux mis à la disposition de chaque bureau est déterminé en raison de la population indigente qu'il secoure. La liste de présentation est dressée par ses soins, et l'admission est prononcée par le directeur de l'administration générale de l'assistance publique à Paris.

Les conditions d'admission sont : 1° D'avoir 70 ans révolus ; 2° de vivre autant que possible en famille : 3° d'être dans ses meubles ; 4° d'être inscrit depuis un an au bureau de bienfaisance. A titres égaux, la préférence est accordée aux vieillards qui justifient d'une résidence non interrompue à Paris, pendant les dix années qui ont précédé l'admission. Cette justification se fait tant par l'inscription au rôle des indigents, depuis plus de dix ans, que par la production de certificats délivrés par les maires, d'après les déclarations de deux membres du bureau de bienfaisance.

Si dans un ménage l'homme et la femme remplissent tous deux les conditions d'admission aux secours d'hospice et justifient de 20 années de mariage, ils peuvent obtenir tous les deux le secours.

Ces secours sont distribués par les soins des bureaux de bienfaisance.

Chaque année, une visite générale est faite, afin de vérifier s'il n'est pas survenu, dans la position des vieillards secourus, des changements de nature à motiver une radiation. Lorsque l'on reconnaît que, par suite de l'âge, de l'infirmité ou de l'isolement, le secours à domicile est insuffisant, et que l'admission de ce vieillard dans un hospice est devenue nécessaire, la première place vacante dans les hospices lui est réservée.

Le vieillard recevant le secours d'hospice continue à être inscrit au contrôle des indigents des bureaux de bienfaisance, mais il ne doit recevoir aucun autre secours, si ce n'est ceux réservés aux malades, tels que les visites des médecins, les médicaments, les bains et bandages, etc.; il a droit également à la délivrance gratuite des actes de l'état civil. S'il entre à l'hôpital et que son séjour s'y prolonge au delà de quinze jours, il ne reçoit plus, pendant la durée de ce séjour, que la moitié du secours mensuel, et à sa sortie, il n'a pas droit au secours de convalescence de la fondation Montyon.

Les secours varient selon les saisons.

Ils sont :

	Mois d'hiver. (de nov. à avril)	Mois d'été. (d'avril à nov.)	Total pour l'année.
Pour les hommes, de	24 fr.	19 fr.	253 fr.
Pour les femmes, de	18	15	195

D'où il suit que les secours d'hommes occasionnent une dépense annuelle de... 80,960 fr.

Et les 538 secours de femme......... 103,235

Ensemble...... 184,895 fr.

FILATURE EN FAVEUR DES INDIGENTS,

IMPASSE DES HOSPITALIÈRES, 2.

Cet établissement fournit du travail aux femmes indigentes.

Munies d'un certificat constatant leur indigence et cautionnées par leurs propriétaires, principaux locataires ou autres personnes domiciliées et solvables, il leur est confié un rouet, 4 fr., un dévidoir, 1 fr., et une certaine quantité de filasse, 5 fr.

Si elles n'ont pas de caution, elles doivent déposer une somme de 10 francs.

Au fur et à mesure qu'elles rapportent le fil à l'établissement, elles reçoivent le prix de leur main-d'œuvre, suivant la qualité et le numéro du fil. Le travail est payé à raison à peu près de 50 c. par jour.

Le nombre des personnes qui travaillent pour cette maison est de 3,000 par an. Le fil qu'elles font est employé à tisser de la toile pour les hôpitaux. *Directeur*, M. Bourriot.

BUREAU CENTRAL

D'ADMISSION AUX HOSPICES ET AUX HOPITAUX,

PLACE DU PARVIS NOTRE-DAME, 2.

Tous les indigents qui veulent entrer dans les hôpitaux et hospices, sauf les cas d'urgence ou de spécialité, doivent se présenter au Bureau central.

Les médecins du Bureau examinent si l'indigent a droit à l'entrée, soit dans l'hospice, soit dans l'hôpital, et délivrent le bulletin indicatif de l'établissement où il doit se rendre.

Les aveugles et les paralytiques sont examinés le 3e jeudi de chaque mois, par les médecins du Bureau, qui constatent s'ils remplissent les conditions exigées pour obtenir le secours mensuel de 5 fr. pour les aveugles, et de 3 fr. pour les paralytiques, accordé par les bureaux de bienfaisance.

Des consultations gratuites sont données à tous ceux qui les demandent, le mercredi de chaque semaine, de dix heures à une heure.

Le Bureau délivre, sur un certificat des bureaux de bienfaisance, des bandages pour les hernies, des jambes de bois, des béquilles, etc., le lundi et le vendredi de dix heures à midi. Des appareils orthopédiques sont également accordés par ce Bureau, tous les mardis, de onze heures à midi.

Le Bureau est ouvert pour les malades, tous les jours de la semaine, de dix heures du matin à quatre heures du soir, et les dimanches jusqu'à midi.

Plusieurs traitements externes sont établis au Bureau aux jours et heures indiqués ci-après, savoir :

Traitement de la teigne, les mardis et samedis, à neuf heures ;

Pansement des ulcères, les lundis et dimanches, à onze heures ;

Traitement orthopédique, les mercredis, à onze heures et demie ;

Traitement des maladies des voies urinaires, les lundis, mercredis et vendredis, à dix heures.

Traitement des maladies d'yeux, les mardis et samedis, à onze heures.

HOPITAUX.

Il existe à Paris deux sortes d'Hôpitaux : neuf Hôpitaux généraux consacrés au traitement des maladies aiguës et des blessures ;

Six Hôpitaux spéciaux réservés aux maladies spéciales et à une classe particulière de malades.

On n'est admis dans les Hôpitaux généraux qu'en

vertu d'un bulletin du Bureau central; cependant dans les cas d'urgence le malade est reçu directement dans l'Hôpital où il est présenté.

Les Hôpitaux spéciaux reçoivent les malades directement sur leur simple présentation.

Les bureaux de bienfaisance se chargent de faire transporter dans les Hôpitaux les malades inscrits sur leurs contrôles; pour les autres malades dont l'indigence est constatée, ce soin regarde les commissaires de police.

Il est expressément défendu d'apporter au malade qu'on visite aucune nourriture.

Le service des Hôpitaux est fait par des médecins et chirurgiens externes, la plupart professeurs à l'École de Médecine, et par des élèves internes nommés par le Conseil général des hospices. Dans la plupart, le soin des malades est confié à des communautés religieuses. Chaque Hôpital a son aumônier.

Le malade qui meurt et n'est pas réclamé, est enterré aux frais de l'administration; s'il est réclamé, les parents acquittent les frais de son inhumation: une remise est faite aux indigents. Ces frais sont alors de 17 fr., dont 12 fr. pour les droits, et 5 fr. pour l'Église. L'administration vend, au profit de la Caisse des Hôpitaux, les effets laissés par le défunt. Ils peuvent, sur un certificat d'indigence, être rendus aux familles. Les bijoux ne sont jamais restitués, à moins qu'on n'en remette la valeur en argent.

Deux Hôpitaux sont uniquement destinés aux militaires : l'hôpital du Val-de-Grâce, faubourg Saint-Jacques, 277 *bis* (1,000 lits), et celui du Gros-Caillou, rue Saint-Dominique, 212 (800 lits). L'administration en appartient au ministre de la Guerre, qui nomme les médecins et chirurgiens et les infirmiers militaires.

Leurs dépenses sont à la charge de l'État.

Tous les autres Hôpitaux sont à la charge de l'Administration générale de l'assistance publique.

HOPITAUX GÉNÉRAUX

POUR LES MALADIES AIGUES ET LES BLESSURES, ET POUR LES MALADIES DES DEUX SEXES.

Hôtel-Dieu, place du Parvis Notre-Dame, 4 (810 lits), fondé en 650 par S. Landry, évêque de Paris ; desservi par les *Dames Augustines*. — M. Blandet, *directeur*. — *Médecins :* MM. Louis, Guérin, Martin-Solon, Requin, Horteloup, Piédagnel, Rostan. — *Chirurgiens :* MM. Roux, Boyer, Jobert de Lamballe.

Entrée publique : les dimanches et jeudis de une heure à trois.

La Pitié, rue Copeau, 1 (600 lits), fondé en 1612; desservi par les *Sœurs de Sainte-Marthe*. — M. Vincent, *directeur*. — *Médecins :* MM. Serres, Clément,

Vallex, Gendrin, Nonat. — *Chirurgiens :* MM. Laugier, Michon.

Entrée publique : les dimanches et jeudis, de une heure à trois.

La Charité, rue Jacob, 47 (494 lits), fondé par Marie de Médicis en 1602, desservi par les *Dames Augustines*. — M. Matouillot, *directeur*. — *Médecins :* MM. Piorry, Andral, Cruveilhier, Rayer, Briquet. — *Chirurgiens :* MM. Velpeau et Gerdy.

Entrée publique : les dimanches et jeudis, de une heure à trois.

Saint-Antoine, rue du Faubourg Saint-Antoine, n° 206 *bis* (320 lits), fondé par Foulques, curé de *Neuilly*, en 1198 ; desservi par les *Sœurs de Sainte-Marthe*. — M. Paillard, *directeur*. — *Médecins :* MM. Vernois, Guéneau de Mussy (Noël). — *Chirurgiens :* MM. Monneret, Chassaignac.

Entrée publique : les dimanches et jeudis, de une heure à trois.

Cochin, rue du Faubourg Saint-Jacques, 45 (114 lits), fondé par M. Cochin, curé de Saint-Jacques, en 1782 ; desservi par les *Sœurs de Sainte-Marthe*. — M. Clément, *directeur*. — *Médecin :* M. Beau. — *Chirurgien* : M. Maisonneuve.

Entrée publique : les dimanches et jeudis, de midi à deux heures.

Necker, rue de Sèvres, 151 (329 lits), fondé par madame Necker, en 1779 ; desservi par les *Sœurs de Saint-Vincent de Paul.* — M. Laboureau, *directeur.* — *Médecins :* MM. Bricheteau, Hervez de Chegoin, Guillot (Natalis). — *Chirurgien :* M. Lenoir.

Entrée publique : le dimanche de onze heures à une, le jeudi de onze heures à deux.

Beaujon, rue du Faubourg Saint-Honoré, 208 (438 lits) ; desservi par les *Sœurs de Sainte-Marthe.* — M. Hannosset, *directeur.* — *Médecins :* MM. Grisolle, Barth, Legroux, Sandras. — *Chirurgiens :* MM. Huguier, Robert.

Entrée publique : le dimanche de deux heures un quart à quatre, le jeudi de deux heures à quatre.

Hôpital Sainte-Marguerite, annexe de l'Hôtel-Dieu, rue de Charenton, 89 (300 lits), ouvert le 1er février 1840, fondé par la présidente d'Aligre en 1669, desservi par les *Dames Augustines.* — M. Paupert, *directeur.* — *Médecins :* MM. Teissier, Marotte, Barthez de Marmorières. — *Chirurgien :* M. Marjolin.

Hôpital de Bon-Secours, rue de Charenton, 99 (325 lits), ouvert en 1846, desservi par les *Sœurs de Saint-Vincent de Paul.* — M. Colin, *directeur.* — *Médecins :* MM. Béhier, Pidoux, Bouley. — *Chirurgien :* M. Richet. Cet hôpital est provisoire.

Entrée publique : dimanche et jeudi, de une heure à trois.

HOPITAUX SPÉCIAUX.

Saint-Louis, rue de l'Hôpital-Saint-Louis, 2 (800 lits), fondé par Henri IV, en 1607, pour les malades des deux sexes, desservi par les *Dames Augustines.* — M. Partout, *directeur.* — *Médecins :* MM. Hardy, Bazin, Devergie, Gibert, Cazenave. — *Chirurgiens :* MM. Malgaigne, Denonvilliers.

Cet hôpital est consacré au traitement des maladies chroniques, soit contagieuses, comme la gale, la teigne, les dartres; soit rebelles et cachectiques, comme le scorbut, les vieux ulcères, les écrouelles, etc.

L'admission est prononcée à l'hôpital même.

Il existe à Saint-Louis un traitement externe auquel peuvent prendre part tous ceux qui se présentent. Des consultations gratuites sont données tous les jours, les dimanches et fêtes exceptés, avant neuf heures du matin, et on fournit les médicaments sur la présentation soit d'un certificat d'indigence, soit d'un livret d'ouvrier.

Les bains simples et médicamenteux, les bains de vapeur, les douches, les fumigations et tous les moyens curatifs des maladies de la peau sont accordés gratuitement ; savoir, les bains tous les jours, excepté les dimanches et fêtes, de six heures du matin à midi; les fumigations du 1er mai au 31 octobre, de six heures du matin à midi, et du 1er novembre au 30 avril, de sept heures du matin à midi; aux hommes les lundis et vendredis, aux femmes les mardis, jeudis et samedis. Le traitement externe de la teigne, par M. Mahon, a lieu les mercredis et vendredis à onze heures.

Entrée publique : les dimanches et jeudis, de une heure à trois.

Hôpital du Midi, rue des Capucins, 39 (300 lits), fondé par Godefroy de Latour, en 1613. — M. Lœuillard-d'Avrigny, *directeur*. — *Médecin* : M. Puche. — *Chirurgiens* : MM. Ricord, Vidal.

Cet hôpital est consacré au traitement des maladies syphilitiques chez les hommes.

Tous ceux qui se présentent sont admis au traitement externe, tous les jours, de neuf à dix heures du matin.

Entrée publique : le mercredi, de une heure à trois; le dimanche, de deux heures à quatre.

Hôpital de Lourcine, rue de Lourcine, 95 *bis* (300 lits), desservi par les *Dames de la Compassion de la Sainte-Vierge*. — M. Lapaume, *directeur*. — *Médecin* : M. Legendre. — *Chirurgiens* : MM. Cullerier, Gosselin.

Cet hôpital reçoit les femmes atteintes de maladies syphilitiques.

Consultation gratuite et traitement externe les mardis, jeudis et samedis, de huit à neuf heures du matin.

Entrée publique : les dimanches et jeudis, de une heure à trois.

Hôpital des Enfants malades (1), dit de l'Enfant-Jésus, rue de Sèvres, 149 (600 lits).

M. de Chaumont, *directeur*. — *Médecins* : MM. Trousseau, Blache, Bonneau, Bouvier, Gillette. — *Chirurgiens* : MM. Guersant fils, Guérin (traitement orthopédique).

Cet hôpital est destiné aux enfants des deux sexes âgés de moins de quinze ans pour toute espèce de maladies.

L'admission est directe.

Entrée publique : les dimanches et jeudis, de deux heures à trois.

Maison et École d'accouchement (la Maternité), rue de la Bourbe, 3 (525 lits), fondée par Catherine Marion, veuve d'Arnaud d'Andilly, en 1625.

M. Ménager, *directeur*. — *Médecins* : MM. Moreau, Gérardin. — *Chirurgiens* : MM. Dubois, Danyau. — *Sages-femmes en chef* : Mesdames Charrier, Legrand.

On y admet toutes les femmes enceintes qui s'y

(1) Voyez p. 126.

présentent pour faire leurs couches. Ces femmes doivent être dans le huitième mois de leur grossesse ou en péril d'accoucher avant terme.

On ne demande aucune déclaration pour l'admission ; il suffit de s'adresser à la sage-femme en chef à la maison même.

On occupe les femmes à des travaux d'aiguille jusqu'au moment de leur délivrance. Elles retirent de leur travail un salaire réglé par un tarif.

Personne ne peut entrer dans l'intérieur de la maison sans une permission du directeur.

Les personnes admises pour visiter les femmes enceintes sont reçues les mercredis et samedis, de une heure à trois ; et pour les femmes en couches, les lundis et jeudis, de une heure à trois.

Les femmes sont soignées par des sages-femmes, et au besoin par les médecins les plus expérimentés. Elles ne sortent que neuf jours après leurs couches.

La mère indique le nom qu'elle veut donner à son enfant, et elle est libre de le mettre en nourrice ou de l'emporter avec elle après son rétablissement. Si elle le garde, une layette et des secours lui sont accordés par la fondation Montyon ; si elle ne peut le garder, l'administration paye le premier mois de nourrice. L'enfant que la mère laisse à l'établissement est réputé abandonné et porté à l'hospice des Enfants trouvés.

Il existe dans la maison une école d'accouchement pour quatre-vingts élèves sages-femmes.

Hôpital des Cliniques, place de l'École-de-Médecine (120 lits), fondé en 1801, ouvert en 1834. — M. Richer, *directeur*.

Cet établissement se compose de trois cliniques : une de médecine, une de chirurgie et une d'accouchement ; aucune autre espèce de maladie n'y est traitée. Le traitement des malades y est confié à deux professeurs nommés par la Faculté de médecine.

Entrée publique : les jeudis et dimanches, de midi à une heure.

Maison nationale de santé, rue du Faubourg Saint-Denis, 112. — M. Braux, *directeur*. — *Médecins* : MM. Duméril, Vigla. — *Chirurgien* : M. Monod.

La maison est destinée à recevoir les malades des deux sexes qui payent un prix de journée ainsi déterminé :

Salle commune (de 7 à 18 lits),	2 fr.	50.
Chambre à 2, 3 et 4 lits.	3	»
Chambre particulière (1 lit au 1er étage),	4	»
Chambre de 1re classe (1 lit pavillon du jardin),	5	»

Ces prix sont payables d'avance par quinzaine. Tous

les services de la maison sont gratuits : il est interdit aux employés de demander ou de recevoir aucune rétribution.

Il y a dans l'établissement une chapelle. Un prêtre de la paroisse est chargé de tout ce qui concerne le culte.

Les personnes attaquées de folie, d'épilepsie ou de maladies incurables ne sont pas reçues dans cet établissement.

L'administration fait donner aux personnes du dehors des bains de vapeur ordinaires, à raison de 1 fr., et des bains composés de toute nature moyennant 2 fr., linge et lit de repos compris, tous les jours :

Aux hommes, de 8 à 10 h. du matin ;
Aux femmes, de 10 h. 1/2 à midi.

Les bains de vapeur ne sont payés que 75 cent., et les bains composés 1 fr. 75 c., par abonnement de six cachets.

On peut visiter les malades tous les jours, de dix heures du matin à six heures du soir.

Hôpital Saint-Merry, rue du Cloître Saint-Merry, 10 (12 lits : 6 hommes, 6 femmes). Cet hôpital, qui n'est destiné qu'aux malades du 7e arrondissement, a été fondé par M. Viennet, curé de Saint-Merry ; on n'y fait aucune grande opération chirurgicale; on n'y reçoit que les indigents atteints de maladies aiguës.

FONDATION MONTYON

POUR LES CONVALESCENTS SORTANT DES HOPITAUX

PLACE DU PARVIS NOTRE-DAME, 2.

Un fonds spécial, légué par le baron de Montyon aux hospices de Paris, permet de subvenir par un secours immédiat aux premières nécessités des convalescents, inscrits ou non inscrits aux bureaux de bienfaisance, et dont le séjour pendant plus de cinq jours dans un hôpital a interrompu les travaux et diminué les ressources. Les femmes en couches ont part à ce secours, en raison de leur séjour dans les hôpitaux d'accouchement. Ce secours consiste, pour celles qui consentent à garder leurs enfants, en une demi-layette et le premier mois de nourrice.

Au moment de la sortie de l'hôpital, il est demandé aux convalescents s'ils ont besoin de secours; sur leur affirmation, il est dressé un billet de sortie indiquant leurs nom, prénoms, âge, profession, domicile, la nature de la maladie et la durée du séjour à l'hôpital.

Les bulletins concernant les convalescents inscrits aux bureaux de bienfaisance sont transmis par l'administration au bureau du domicile du malade. MM. les administrateurs du bureau statuent immédiatement sur la qualité et la nature du secours, qui est ensuite remis au convalescent, au secrétariat du bureau.

Les bulletins des convalescents non inscrits au bureau sont remis à des employés visiteurs, chargés par l'administration de prendre des renseignements sur leur position et leur moralité. Les rapports des employés sont soumis à une commission composée d'administrateurs des bureaux de bienfaisance et de chefs de bureaux de l'Administration centrale, siégeant tous les jours place du Parvis Notre-Dame, 2, qui statue sur l'opportunité et la qualité du secours; la demande est communiquée au bureau de bienfaisance du domicile du convalescent, et celui-ci peut se présenter pour toucher le secours au secrétariat, en rapportant le bulletin qui lui a été remis par le visiteur ou une lettre donnée par l'Administration.

Les secours accordés par le bureau ou la commission centrale consistent en pain, viande crue ou cuite, bouillon, souliers, camisoles, pantalons, couvertures de laine, etc., quelquefois en argent, et, dans ce cas, la somme allouée ne peut excéder 8 fr.

Les secours extraordinaires sont les secours en nature qui dépassent 25 fr., et les secours en argent qui dépassent 8 fr. Ils sont accordés par la Commission Montyon, sur la demande des bureaux de bienfaisance.

HOSPICES.

Les Hospices sont des établissements fondés par la charité publique ou privée pour recevoir les personnes dont l'âge et les infirmités réclament un asile et des secours que, dans leur position, elles ne pourraient trouver ailleurs. Ils sont au nombre de onze, y compris trois maisons de retraite.

Le pauvre admis dans un Hospice y est logé, nourri, vêtu, entretenu, traité dans ses maladies pendant le reste de sa vie.

Les Hospices de Paris sont sous la surveillance de l'Administration générale de l'Assistance publique. Les uns reçoivent gratuitement, les autres moyennant une pension ou le versement, en entrant, d'une somme fixe.

Les admissions ont lieu, 1° de droit, c'est-à-dire sur la simple exhibition des titres du pétitionnaire, 2° sur la présentation des personnes qui ont le droit de nommer aux places vacantes.

Ont droit de présentation, dans les proportions déterminées par les règlements; 1° les familles qui ont fondé des lits et qui conservent le droit, lorsqu'ils deviennent vacants, de les faire occuper par les personnes qu'elles désignent;

2° Le ministre de l'Intérieur, les maires, les bureaux de bienfaisance, les membres du Conseil des hospices, les préfets de la Seine et de police, le directeur de l'Assistance publique.

Sont admis, de droit, les vieillards de soixante-dix-neuf ans, et sur présentation, ceux de soixante-dix ans révolus, ou les personnes atteintes d'infirmités incurables.

On peut fonder un lit à perpétuité, aux Incurables, moyennant l'abandon aux Hospices d'une rente de 500 fr. sur l'État et d'une somme de 1,300 fr. pour le mobilier. La rente et le capital doivent être déposés à l'Administration des hospices, rue Notre-Dame, 2, et l'acte est passé devant notaire. Les frais d'acte et d'enregistrement sont à la charge du fondateur.

La demande d'admission aux Hospices doit être accompagnée d'un acte de naissance, d'un certificat de domicile à Paris ou dans le département de la Seine, d'un certificat du bureau de bienfaisance, constatant la bonne conduite; et pour les admissions gratuites, l'inscription au rôle des indigents, et le domicile à Paris depuis plus de deux ans.

Toutes les infirmités doivent être constatées par le Bureau central, Parvis Notre-Dame, 2, qui reçoit aussi toutes les pièces exigées et délivre le bulletin d'admission.

Toute place qui n'est pas occupée dans le délai de deux mois, à compter de la notification de la vacance au nominateur, est regardée comme vacante de nouveau.

En entrant dans un Hospice, tout indigent est tenu de déclarer au directeur s'il possède quelque rente ou pension, ou quelque somme d'argent placée à intérêts. L'excédant du revenu supérieur à 150 fr. doit être abandonné au profit de la Caisse des Hospices; en cas de dissimulation de son revenu, l'indigent est exclu.

HOSPICE DE LA VIEILLESSE (HOMMES).

A *Bicêtre*, route de Fontainebleau (3,080 lits, dont 760 pour les aliénés). — M. Herbet, *directeur*. — *Médecins :* MM. Voisin, Pelletan de Kinkelan, Delasiauve, Moreau. — *Chirurgien :* M. Després.

Cet hospice, destiné aux hommes âgés ou infirmes, admet de droit et sur présentation.

Sont admis de droit les octogénaires, les épileptiques, les cancérés curables ou incurables, les aveugles, les aliénés.

Sont admis sur présentation les vieillards de soixante-dix ans et au-dessus, et ceux qui, au-dessous, ont été reconnus incurables par les médecins du bureau central.

Les aliénés doivent apporter un certificat délivré par deux médecins et deux témoins oculaires des actes de folie, et ne sont admis que lorsqu'ils n'ont pas le moyen d'être traités à Charenton ou dans une maison de santé.

Il n'est accordé ni congés ni sorties aux cancérés, aliénés, imbéciles, épileptiques, et généralement à tous les admis de droit ; les autres indigents, pourvu qu'ils soient valides, peuvent sortir tous les jours.

Le public entre tous les dimanches.

Il y a dans l'hospice divers ateliers pour les aliénés et les indigents qui peuvent travailler.

HOSPICE DE LA VIEILLESSE (FEMMES).

A *la Salpêtrière*, boulevard de l'Hôpital, 47 (4,883 lits, dont 1,342 pour les aliénées).—M. Basse, *directeur*. — *Médecins :* MM. Falret, Mitivié, Lélut, Cazalis, Moisselet, Trélat, Baillarger.— *Chirurgien :* M. Manec. — *Sœurs de Saint-Vincent de Paul.*

Cet hospice est exclusivement consacré aux femmes. Les conditions sont les mêmes qu'à Bicêtre pour les hommes.

Le public est admis les dimanches, mardis et jeudis, de neuf heures à quatre.

Pour visiter la maison les autres jours, il faut une permission de l'agent de surveillance.

Des ateliers existent à l'intérieur, et le travail est payé d'après un tarif.

INCURABLES (HOMMES),

RUE DU FAUBOURG SAINT-MARTIN, 150.

Destiné aux vieillards et indigents infirmes (414 lits

pour les adultes, 70 pour les enfants), desservi par les *Sœurs de Saint-Vincent de Paul.* — M. Cousin, *directeur.* — *Médecin :* M. Duplay.

On ne peut y être reçu que sur la présentation des fondateurs et des personnes qui ont droit à la nomination.

Pour les conditions d'admission et les pièces à produire, voyez l'article *Hospices.*

Toutes les admissions sont gratuites; les admis peuvent sortir tous les jours.

Le public entre tous les jours, de une heure à quatre.

INCURABLES (FEMMES),

RUE DE SÈVRES, 54.

475 lits pour les femmes, 50 pour les enfants; desservi par les *Sœurs de Saint-Vincent de Paul.*

M. Demauroy, *directeur.*

Médecin : M. Léger.

Mêmes conditions, mêmes formalités pour l'admission et la fondation de lits qu'aux Incurables (hommes).

Le public entre tous les jours, de une heure à quatre.

HOSPICE DES MÉNAGES,

RUE DE LA CHAISE, 28.

Desservi par les Sœurs de la Charité.

755 lits. — Maison de retraite pour les époux âgés.

M. Talle, *directeur*.

Médecin : M. Labric.

On y reçoit les époux mariés depuis plus de quinze ans, et âgés de plus de soixante ans, pourvu que leurs âges réunis donnent le chiffre de cent trente ans;

Les hommes veufs et les femmes veuves âgés de soixante ans, et ayant dix ans de ménage;

Les religieuses, au nombre de 12, âgées de soixante ans ou atteintes d'infirmités.

Il y a 80 chambres gratuites pour les ménages pauvres, et 150 lits dans les dortoirs pour les personnes devenues veuves pendant leur séjour dans la maison.

On est admis à l'Hospice des Ménages, soit en payant, soit sur présentation des nominateurs.

Pour les époux en chambre...........	3,200 fr.
Pour les veufs et veuves en chambre...	1,600
Et pour les dortoirs..................	1,000

Toute personne admise doit verser 200 fr., ou apporter un mobilier qui consiste en une couchette en fer, une paillasse, deux matelas, un traversin, un oreiller, deux couvertures de laine, deux paires de draps en toile, deux chaises et un buffet ou commode. Son habillement reste à sa charge.

Chaque personne en chambre reçoit :

En argent, tous les dix jours, 3 fr.;

70 décagrammes de pain par jour;

1/2 kilogramme de viande tous les samedis;

1 double stère de bois par an ;

Et deux voies de charbon.

Les personnes admises dans les dortoirs ont le régime ordinaire des indigents dans les hospices, et mangent dans les réfectoires.

Pour être admis en payant, il faut se faire inscrire à l'avance à l'Administration des hospices, et présenter :

L'acte de naissance;

L'acte de mariage;

Un certificat de deux ans au moins de domicile dans le département de la Seine;

Une attestation du bureau de bienfaisance qu'on n'a pas les ressources nécessaires pour vivre d'une manière indépendante.

Les veufs doivent, en outre, produire l'acte de décès de leur conjoint.

L'admission a lieu à tour d'inscription.

Les octogénaires sont préférés pour une vacance sur deux.

L'admission des religieuses ne peut avoir lieu que sur l'abandon, au profit de la Caisse des Hôpitaux, des deux tiers de la pension ecclésiastique.

L'établissement contient 702 places, ainsi réparties :

320 dans 160 grandes chambres à 2 lits;

100 dans les petites chambres à 1 lit :

Et 282 dans les dortoirs.

Tout individu qui se remarie, même avec une personne de la maison, ne peut plus rentrer dans l'établissement.

HOSPICE DE LA ROCHEFOUCAULD,

Desservi par les Sœurs de Saint-Vincent de Paul,

AU PETIT-MONTROUGE, 25. — 213 LITS.

M. Tauxier, *directeur*.

Médecin : M. Tardieu.

L'*Hospice de la Rochefoucauld* est une maison de retraite consacrée à recueillir, moyennant pension, les anciens employés des hospices, douze ecclésiastiques âgés et infirmes, et des personnes des deux sexes domiciliées dans le département de la Seine, qui, sans être dans un état d'indigence absolue, n'ont pas des moyens d'existence suffisants.

Toute demande d'admission doit être adressée à la Commission administrative des hospices, et appuyée des pièces suivantes :

L'acte de naissance ;

Un certificat de bonne vie et mœurs ;

Une attestation, par le bureau de bienfaisance, de l'insuffisance des ressources ;

Un certificat d'infirmités, s'il y a lieu, délivré par les médecins du Bureau central, et constatant que le demandeur n'a aucune des affections exclusives de l'admission ;

Un titre de rentes sur l'État ou de pension suffisant pour garantir le payement de la pension.

Le pétitionnaire reçoit en échange un bulletin d'inscription.

Pour être admis, il faut être domicilié dans le département de la Seine, être âgé de soixante ans révolus, ou attaqué d'infirmités durables, ou être perclus de tous ses membres : dans ces deux derniers cas, être âgé de vingt ans au moins.

Sont exclus les fous, les imbéciles, les épileptiques et ceux qui seraient atteints d'une maladie rebutante ou contagieuse.

Les admissions se font au fur et à mesure des vacances, et suivent leur tour d'inscription.

Il n'y a d'exception à cette règle qu'en faveur des anciens employés des hospices, qui ont toujours la préférence.

Les octogénaires obtiennent aussi une vacance sur deux, c'est-à-dire que, sur deux vacances, une des admissions sera accordée au plus ancien octogénaire inscrit, et l'autre au plus ancien inscrit, sans égard à l'âge.

Le prix de la pension est de 200 fr. par an pour les vieillards, et de 250 fr. pour les infirmes, payables par semestre et d'avance.

On est libre d'opter pour la pension ou le payement d'un capital ainsi déterminé :

Pour les infirmes incurables	de 20 à 30 ans......	3,600 fr.
	de 30 à 40...........	3,300
	de 40 à 50...........	2,700
	de 50 à 60...........	2,100
Pour les vieillards valides	de 60 à 65...........	1,600
	de 60 à 70...........	1,500
	de 70 à 75...........	1,200
	de 80 et au-dessus....	900
Pour les vieillards infirmes incurables	de 60 à 65	1,920
	de 65 à 70.	1,800
	de 70 à 75.	1,440
	de 75 à 80.	1,080
	de 80 et au-dessus....	840

On peut être admis en payant la demi-pension et la moitié du capital ci-dessus indiqué.

On fournit aux personnes admises du linge et un lit.

Les sorties sont libres tous les jours.

SAINTE-PÉRINE,

GRANDE-RUE DE CHAILLOT, 99. — 180 LITS.

M. Gobert, *directeur;*
Médecin : M. Becquerel.

L'institution de Sainte-Périne, desservie par les Sœurs de la Sagesse, est destinée à recevoir des personnes des deux sexes âgées de soixante ans au moins, qui payent une pension annuelle de 600 fr., exigible par trimestre et d'avance, ou qui versent un capital fixe déterminé par leur âge.

Les demandes en admission doivent être adressées au directeur de l'Institution.

Elles doivent indiquer si le demandeur est marié ou veuf; s'il a des enfants; les positions qu'il a occupées; ses moyens d'existence; son âge et sa demeure.

Il faut justifier de ses moyens d'acquitter la pension, soit par le dépôt d'un titre de rentes, soit par la caution d'une personne solvable; apporter un trousseau, qui se compose d'un lit, une commode, un fauteuil et une chaise, quatre paires de draps, deux couvertures, six chemises, douze serviettes, douze torchons, un couvert et une timbale en argent. Le linge doit être neuf.

En payant 60 fr. par an, ou une somme de 300 fr. en entrant, indépendamment du prix de la pension, on est dispensé du trousseau.

Le trousseau est entretenu aux frais de la maison, et il lui appartient dans le cas de sortie ou de mort du pensionnaire.

Chaque pensionnaire a sa chambre, et, excepté les cas de maladie, mange au réfectoire commun.

Toute personne âgée de plus de quarante ans peut assurer son admission, à Sainte-Périne pour l'époque où elle aura atteint soixante ans, moyennant le payement d'une somme dont on lui fera connaître le montant, basé sur le nombre des années qui lui restent à parcourir ; mais, pour souscrire à cette condition, elle doit avoir quarante ans révolus.

Les pensionnaires et les souscripteurs doivent, au moment de leur admission, justifier de leur bonne vie et mœurs, et qu'ils ne sont point atteints de maladies rebutantes ou contagieuses; et dans le cas où un souscripteur ne peut être admis pour une de ces causes, il lui est alloué une pension viagère de 600 fr.

Toute personne peut fonder une place à Sainte-Périne moyennant le don d'une rente perpétuelle sur l'État, de 800 fr., plus 1,300 fr. une fois payés pour frais de premier établissement.

Le fondateur de cette place perpétuelle ou ses héritiers ont droit à la nomination aux conditions imposées pour l'admission, et en fournissant le trousseau.

Les sorties sont libres tous les jours.

HOSPICE DE VILLAS.

RUE DU REGARD, 17. — 35 LITS.

Fondé en 1835 par M. de Villas, ancien négociant.

M. Silvestre, *directeur.*

Médecin : M. Léger, médecin des Incurables femmes.

Cet hospice contient trente-cinq lits pour des indigents, dont vingt-huit sont à la nomination des douze bureaux de bienfaisance, et sept à celles des consistoires protestants.

Pour être admis, il faut avoir soixante-dix ans, et remplir les conditions ordinaires d'entrée dans les hospices. — L'admission est gratuite.

HOSPICE BRÉZIN OU DE LA RECONNAISSANCE,

AU PETIT-L'ÉTANG, COMMUNE DE GARCHES (S.-ET-OISE),

Fondé par M. Brézin. — 300 lits.

M. Besson, *directeur.*

Médecin : M. Caillard.

Cet hospice est destiné à recevoir les ouvriers pau-res âgés de soixante ans, ayant exercé les professions e mineurs, cuiseurs de charbons, affineurs, marte-eurs, chauffeurs, commis de grosses forges, forgerons t fondeurs, et, à leur défaut, les ouvriers qui travail-ent le fer, la fonte, le cuivre et le bois.

Tout individu repris de justice ne peut être reçu.

Toute personne admise s'engage par écrit à se onduire en honnête homme, et à se conformer à la ègle, sous peine d'expulsion en cas de violation de 'engagement.

L'inscription sur le registre d'attente, tenu à l'Ad-ninistration des hospices, n'a lieu que sur la pro-luction :

1° De l'acte de naissance qui constate soixante ans;

2° D'un livret d'ouvrier ou certificat du maître de orges, constatant cinq ans au moins d'exercice dans a profession du postulant;

3° D'un certificat du maire ou du bureau de bien-aisance, attestant une indigence absolue;

4° D'un certificat de bonne vie et mœurs, délivré par le maire, le commissaire de police, le proprié-taire ou le chef d'atelier.

Sont admis de préférence :

1° Les individus pouvant justifier par un livret si-gné de M. Brézin, ou par un certificat de lui ou de ses contre-maîtres, qu'ils ont travaillé sous ses ordres;

2° Les octogénaires;

3° Les personnes âgées de soixante-quinze ans, paralytiques totalement ou de deux membres, aveugles ou affectées d'un tremblement général.

L'admission est gratuite et prononcée par le Conseil général des hospices.

Les sorties sont libres.

HOSPICE BOULARD OU SAINT-MICHEL,

AVENUE DU BEL-AIR, A SAINT-MANDÉ, PRÈS DE PARIS.

M. Toussart, *directeur*.

Il est destiné à servir de retraite à 12 vieillards septuagénaires indigents.

L'admission est gratuite et prononcée par les bureaux de bienfaisance.

Les pièces à produire sont : l'acte de naissance, un certificat de moralité, un certificat de domicile dans Paris.

HOSPICE LEPRINCE.

RUE SAINT-DOMINIQUE SAINT-GERMAIN, 185.

Fondé en 1817 par M. et madame Leprince, pour 20 pauvres âgés et infirmes du quartier des Invalides, desservi par les Sœurs de Saint-Vincent de Paul.

Ces 20 lits sont partagés entre 10 hommes et 10 femmes.

Pour y être admis, il faut être domicilié dans ce

quartier depuis six ans, être âgé de soixante-dix ans, ou avoir des infirmités graves ou incurables qui empêchent de se livrer à aucune espèce de travail.

Des demandes doivent être adressées aux administrateurs du bureau de bienfaisance du 10e arrondissement, par qui les nominations sont faites.

L'admission est gratuite.

HOSPICE D'ENGHIEN.

RUE PICPUS, 8.

Desservi par les Sœurs de la Charité.

Fondé en 1819 par madame la duchesse de Bourbon, renferme 100 lits, sur lesquels 60 sont affectés aux hommes et 40 aux femmes.

Les nominations sont faites par les Sœurs de Saint-Vincent de Paul, qui sont chargées du service de l'hospice.

L'admission est gratuite.

MAISON NATIONALE DE CHARENTON,

A CHARENTON. — 900 LITS.

M. Boué de Verdier, *directeur.* — *Médecins :* MM. Archambault, Calmeil. — *Chirurgiens:* MM. Deguise père ; Deguise fils.

Fondée par M. Leblanc en 1642, et destinée au traitement des aliénés des deux sexes.

On y est reçu à titre gratuit ou comme pensionnaire.

Les admissions gratuites ne peuvent être accordées que par le ministre de l'Intérieur, et seulement pour un temps déterminé.

Il y a trois classes de pensions à payer pour être admis :

Celles de 1re classe sont de 1,425 fr.

Celles de 2e classe sont de 1,125 fr.

Celles de 3e classe sont de 828 fr.

Les aliénés ne sont reçus que sur la représentation de leur acte de naissance, d'un jugement d'interdiction, ou d'un ordre du préfet de police, ou enfin sur la réquisition du maire de leur arrondissement.

Cependant, en cas de nécessité absolue, les aliénés peuvent être admis d'urgence, à la charge par les parents ou tuteurs de remplir sans délai les formalités exigées.

Les malades sont reçus tous les jours, quelle que soit l'heure où on les amène.

Le public n'est admis à parler au directeur et aux malades que les dimanche, mardi et jeudi de chaque semaine, de neuf heures du matin à quatre heures.

Les étrangers n'entrent pas dans l'intérieur de la maison.

Les malades dont la guérison est obtenue ne sont rendus à leur famille que sur l'ordre de l'autorité qui a permis ou requis leur dépôt.

HOPITAL NATIONAL DES QUINZE-VINGTS,

RUE DE CHARENTON, 38.

Fondé en 1254, *par saint Louis.*

M. Lelennier, *directeur*. — *Médecin*, M. Andrieu. — *Chirurgien*, M Lacroze.

Cet établissement, qui, dans l'origine, a été fondé pour 300 pauvres aveugles, en renferme aujourd'hui 420, dont 300 dits de première classe, et 120 de seconde, ou jeunes aveugles.

Depuis plusieurs années, il a été successivement créé pour des aveugles 700 pensions ou bourses qui précèdent l'entrée dans l'établissement.

Les pensions du 1er degré sont de 100 fr.: il y en a 350; celles du 2e degré sont de 150 fr.: il y en a 250; celles du 3e degré sont de 200 fr.: il y en a 100.

Pour l'obtenir, il faut une décision du ministre de l'Intérieur, provoquée par une demande spéciale.

Une nouvelle pétition et une nouvelle décision sont nécessaires pour obtenir la pension du degré supérieur.

A la demande de pension doivent être joints :

1° L'acte de naissance ;

2° Un certifical de cécité complète et incurable délivré par un médecin connu dont la signature est légalisée ;

3° Un certificat d'indigence.

Les aveugles de Paris, ou qui résident à Paris, doivent fournir un certificat de cécité, délivré par les deux médecins attachés à l'hospice national des Quinze-Vingts.

A cet effet ils peuvent se présenter à la visite tous les mardis, de 10 heures à midi, dans une des salles de l'infirmerie de l'hospice.

La nomination aux places et aux pensions appartient au ministre de l'Intérieur.

Les pièces à produire doivent être adressées au directeur des Quinze-Vingts sous le couvert du ministre de l'Intérieur.

CONSULTATIONS MÉDICALES

GRATUITES.

Des consultations gratuites sont données tous les jours :

Par les médecins du Bureau central (Parvis Notre-Dame), pour toute espèce de maladies, de neuf heures du matin à quatre heures du soir ;

Par les médecins des Hôpitaux généraux, pour toute espèce de maladies ;

Par les médecins des Hôpitaux spéciaux, pour les

maladies traitées dans ces hôpitaux, aux heures de la visite ;

Par les médecins des Bureaux de bienfaisance, pour toutes les maladies des indigents de l'arrondissement (les heures sont indiquées par un tableau placé dans les maisons de charité) ;

Par les médecins de chaque Dispensaire de la Société philanthropique, pour toutes les maladies des indigents de la circonscription munis d'une carte de Dispensaires. (Les heures sont également indiquées par un tableau placé dans le Dispensaire.)

PIÈCES A FOURNIR POUR LES PLACEMENTS VOLONTAIRES DES ALIÉNÉS DANS LES HOSPICES.

1° Une demande d'admission contenant les noms, prénoms, profession, âge et domicile, tant de la personne qui la formera que de celle dont le placement sera réclamé, et l'indication du degré de parenté, ou, à défaut, de la nature des relations qui existent entre elles.

La demande sera écrite et signée par celui qui la formera, et visée par le maire ou le commissaire de police. S'il ne sait pas écrire, elle sera reçue par le maire ou le commissaire de police, qui en donnera acte.

Si la demande d'admission est formée par le tuteur d'un interdit, il devra fournir à l'appui un extrait du jugement d'interdiction.

2° Un certificat de médecin constatant l'état mental de la personne à placer, et indiquant les particularités de sa maladie, et la nécessité de faire traiter la personne désignée dans un établissement d'aliénés, et de l'y tenir renfermée.

3° Le passe-port ou toute autre pièce propre à constater l'individualité de la personne à placer.

SECOURS AUX NOYÉS, ASPHYXIÉS ET BLESSÉS.

Un grand nombre de boites fumigatoires, destinées à secourir les noyés et asphyxiés, sont déposées sur les deux rives de la Seine, sur les bains froids, sur les bateaux à lessive, sur les bateaux à vapeur, le long du canal et dans tous les cimetières.

Cent brancards environ et des boîtes à pansement se trouvent dans plusieurs maisons voisines des carrefours et des places, dans les marchés et dans la plupart des corps de garde. Un écriteau placé en dehors indique la présence de ces boîtes, et un tableau suspendu dans le poste désigne les demeures des médecins les plus voisins.

Placés sous la surveillance de directeurs spéciaux, ces divers appareils sont souvent inspectés.

Des personnes, munies d'instructions nécessaires, sont toujours en mesure de donner les premiers secours, en attendant le médecin.

SECOURS DU MINISTRE DE L'INTÉRIEUR.

Le Bureau des secours, rue de Grenelle, 103, comprend les secours généraux, la nomination du personnel administratif et médical des hôpitaux et hospices, les bureaux de bienfaisance, la maison nationale de Charenton, les Quinze-Vingts, les Jeunes Aveugles, les Sourds-Muets, l'admission aux places gratuites dont dispose le ministre de l'Intérieur dans les hospices et établissements de bienfaisance, les pensions aux aveugles externes des Quinze-Vingts, les subventions aux établissements de charité publique et privée, les secours extraordinaires aux personnes tombées dans l'indigence.

Les demandes de subventions doivent être adressées par les Œuvres au ministre avec l'exposé de leur situation, le résumé des recettes et des dépenses de l'année précédente. Dans les départements, elles doivent être envoyées par l'intermédiaire des préfets.

SECOURS DU MINISTÈRE DE LA GUERRE.

BUREAU DE SECOURS, RUE DE GRENELLE-SAINT-GERMAIN, 82.

Ce bureau comprend l'admission aux Invalides, les secours spéciaux aux anciens chevaliers de Saint-Louis, les secours éventuels aux anciens militaires ou agents du département de la Guerre, à leurs veuves ou orphelins sans moyen d'existence; secours aux anciens militaires amputés, non susceptibles de pensions.

SECOURS DE LA VILLE DE PARIS ET DU CONSEIL GÉNÉRAL DE LA SEINE.

Des subventions sont votées, chaque année, aux Œuvres de Paris par la Commission municipale de Paris et par le Conseil général de la Seine. Pour obtenir une subvention, il faut adresser au préfet de la Seine une demande en faveur de l'Œuvre avec un exposé de son but et de ses moyens d'action, et un compte rendu de la situation et l'état des recettes et des dépenses de l'année précédente.

§ II. — *Prévoyance publique.*

CAISSE D'ÉPARGNE ET DE PRÉVOYANCE.

RUE COQ-HÉRON, 9.

La Caisse d'épargne, fondée en 1818 par M. le duc de La Rochefoucauld-Liancourt, procure aux ouvriers, aux domestiques, aux personnes qui ne vivent que de leur travail, un placement productif pour la partie de leurs gains ou de leurs gages qu'ils peuvent économiser, et qu'ils retrouvent, augmentée des intérêts, au jour du besoin.

La Caisse d'épargne est gouvernée par un conseil supérieur composé de vingt-cinq membres, qui se réunit une fois par mois; elle est régie par un comité s'assemblant deux fois par semaine, et par des administrateurs qui font alternativement le service les dimanches et lundis, jours de versement.

Toutes les fonctions sont gratuites.

Les frais de gestion sont acquittés au moyen de souscriptions.

Il est délivré à tout déposant qui verse pour la première fois, soit à la Caisse centrale, soit à l'une des succursales ci-après désignées, un livret numéroté, destiné à l'inscription de toutes les sommes qui seront successivement versées ou retirées pour son compte.

Les versements subséquents peuvent être effectués par un tiers.

Aucun déposant ne peut être porteur de plus d'un livret en son nom personnel, soit dans la même caisse, soit dans des caisses différentes.

Tout contrevenant à cette disposition est remboursé immédiatement sans aucune bonification d'intérêts et ne peut plus avoir de compte à la Caisse d'épargne.

On ne peut faire qu'un versement par semaine, et il ne peut être moindre de 1 fr. ni excéder 300 fr. à la fois.

On ne reçoit plus de versement lorsque la somme déposée aura atteint le chiffre de mille francs, soit par le capital, soit par la cumulation des intérêts.

Dans le cas où, par suite du règlement des intérêts, la somme déposée dépassera mille francs, et si dans les trois mois elle n'a pas été réduite au-dessous de mille francs, l'administration achète au compte du déposant une rente de 18 francs.

L'argent confié à la Caisse d'épargne est déposé à la Caisse des dépôts et consignations, et reste à la charge du Trésor public, qui en répond comme des autres rentes.

Le taux de l'intérêt est fixé par la loi à 3 fr. 50 p. 0/0. Cet intérêt s'ajoute au capital et produit à son tour.

La Caisse d'épargne tient compte de l'intérêt à partir du jour même du versement jusqu'au dimanche qui précède le jour désigné pour le remboursement. Toute somme de 1 fr. produit intérêt. Les fractions de franc n'en produisent point. Quand le compte d'un déposant a atteint le chiffre de 2000 fr. par l'accumulation des intérêts, il cesse d'en produire.

La demande de remboursement en tout ou en partie peut être faite à la Caisse centrale ou à l'une des succursales. Elle n'est admise que le dimanche.

Les remboursements demandés le dimanche se font à la Caisse centrale seulement, le jour indiqué pour le payement sur le bulletin de demande.

Tout déposant dont le crédit est de somme assez élevée pour acheter 10 francs de rente, peut obtenir, par l'intermédiaire de la Caisse d'épargne, et gratuitement, une inscription de rente sur le grand-livre de la Dette publique. L'achat se fait d'office quand le déposant a laissé passer le délai voulu par les règlements.

La Caisse d'épargne reçoit les sommes placées au profit de mineurs, à la condition que ces versements et les intérêts ne pourront être retirés qu'à leur majorité.

Elle reçoit également les sommes placées au profit de majeurs, à la condition de déterminer une époque pour le retrait du capital et des intérêts.

Mention est faite de ces conditions sur le livret et sur les registres.

Ces sortes de dons ne sont reçus qu'à la Caisse centrale, rue Coq-Héron, 9.

SUCCURSALES DE LA CAISSE D'ÉPARGNE DE PARIS :

Rue d'Anjou-Saint-Honoré, 11, à la mairie du 1er arrondissement.

Rue Drouot, à la mairie du 2e arrondissement.

Rue du Faubourg-Saint-Martin, à la mairie du 5e arrondissement.

Rue de Vendôme, 11, à la mairie du 6e arrondissement.

Rue Sainte-Croix-de-la-Bretonnerie, à la mairie du 7e arrondissement.

Place des Vosges, 14, à la mairie du 8e arrondissement.

Rue Geoffroy-Lasnier, 25, à la mairie du 9e arrondissement.

Rue de Grenelle-Saint-Germain, 7, à la mairie du 10e arrondissement.

Place Saint-Sulpice, à la mairie du 11e arrondissement.

Place du Panthéon, à la mairie du 12e arrondissement.

LES BUREAUX DE LA CAISSE D'ÉPARGNE SONT OUVERTS :

1° A la Caisse centrale : le dimanche, du 1er avril au 30 septembre, de huit heures à midi ; — du 1er octobre au 31 mars, de neuf heures à une heure ; — et le lundi, toute l'année, de neuf heures à midi.

2° Dans les succursales : le dimanche, du 1er avril au 30 septembre, de neuf heures à une heure ; — du 31 octobre au 31 mars, de dix heures à deux heures ; — et le lundi, toute l'année, de dix heures à une heure.

La Caisse centrale est ouverte pour les remboursements, les mardis, mercredis, jeudis, vendredis et samedis, toute l'année, de dix heures à une heure.

Il y a des succursales de la Caisse d'épargne dans les mairies des principales communes de la banlieue de Paris.

CAISSE DE RETRAITE,

ET PENSIONS VIAGÈRES POUR LA VIEILLESSE.

Cette Caisse a été fondée, avec le concours et sous la garantie de l'État, par la loi du 18 juin 1850, dans le but de venir en aide aux classes les plus nombreuses, et de leur ménager des ressources pour la vieillesse.

La Caisse des *Dépôts et consignations*, et ses agents dans les départements, reçoivent les dépôts par somme de 5 fr. et au-dessus, par multiples de 5.

Les sommes inférieures peuvent être déposées entre les mains d'*intermédiaires* qui opéreront le versement, lorsqu'elles auront atteint la quotité voulue.

Ces *intermédiaires*, dont le gouvernement ne se rend pas responsable, et dont le choix est laissé aux déposants, peuvent être les caisses d'épargnes, les sociétés de secours mutuels, les maires, les membres des bureaux de bienfaisance, etc.

Les sommes déposées à la Caisse portent intérêt à partir du premier jour du trimestre qui suit le versement; c'est donc avant la fin du trimestre qu'il faut songer à faire le dépôt.

Au moment du premier versement, le déposant déclare à quel âge il désire entrer en jouissance de la pension, et s'il entend ou non réserver le capital. Dans le premier cas, la pension se compose des intérêts seuls, le capital revenant aux héritiers ; dans le second cas , elle se compose du capital et des intérêts capitalisés.

L'ouverture de la pension ne peut avoir lieu avant cinquante ans, à moins de cas exceptionnels , d'infirmités ou blessures graves ; mais le déposant reste libre d'en reculer lui-même l'époque par une déclaration nouvelle. Dans ce cas , l'abandon de ses arrérages produit intérêt comme un versement nouveau.

Même après la liquidation , on peut continuer à faire des versements, pour faire atteindre à la pension le *maximum légal* de 600 fr. Toute somme qui dépasserait le capital nécessaire pour obtenir le maximum serait restituée sans intérêt.

La rente viagère est en proportion des versements faits et de l'âge où ils auront été faits. Ils peuvent être commencés dès l'âge de trois ans.

Un livret, qui contient textuellement la loi et le règlement d'administration, est remis aux déposants lors du premier versement , moyennant le simple remboursement des frais (25 cent.). Ce livret leur sert de titre. A l'époque de l'ouverture de la retraite, il est remplacé par une inscription de rente viagère sur l'État.

Les pensions ne peuvent être ni cédées ni saisies que pour ce qui dépasserait la rente de 360 fr.

Les sommes versées en fraude des créanciers sont saisissables durant l'année qui suit le versement.

Les dépôts sont employés à l'achat de rentes sur l'État.

Tous les frais d'administration sont supportés par le Trésor public.

La Caisse est administrée par une commission présidée par le ministre du Commerce.

La Caisse de retraite offre à l'ouvrier isolé, et surtout au jeune ouvrier, une ressource précieuse : 30 f. par an, par exemple, ou deux sous par jour de travail, depuis l'âge de vingt ans, lui assurent, à soixante ans, une pension de 600 fr.

A l'égard de l'ouvrier marié, la loi a déclaré que le versement fait par une personne mariée profiterait par moitié à son conjoint; qu'il serait ouvert deux comptes et constitué deux titres séparés de rente viagère, dont un spécial à chacun des époux.

En cas de séparation judiciaire ou réelle, le juge de paix peut ordonner que le versement fait par une personne mariée ne profitera pas à son conjoint.

L'ouvrier père de famille, au moyen d'un sou par

jour de travail (à raison de 300 jours par an), déposé pour un enfant de trois ans, et versé ensuite chaque année jusqu'à cinquante ans, lui assure à cinquante-six ans et trois mois 600 fr. de pension.

Les opérations de la Caisse de retraite sont applicables aux usines, manufactures, aux sociétés de secours mutuels, aux habitants des campagnes, aux domestiques et gens de service, à quantité de professions diverses.

Suivent les tableaux des pensions, le capital étant réservé ou non réservé.

CAPITAL NON RÉSERVÉ.

AGES au versement unique ou au 1er versement.	VERSEMENT UNIQUE de 5 francs. — Retraite à l'âge de 50 ans.	de 55 ans.	de 60 ans.	VERSEMENTS ANNUELS de 5 francs. — Retraite à l'âge de 50 ans.	de 55 ans.	de 60 ans.
	fr. c.	fr. c.	fr. c.	fr. c.	fr. c.	fr. c.
3 ans.	7 48	11 67	19 18	114 34	181 23	300 36
10	4 65	7 27	11 94	72 75	116 34	194 03
15	3 50	5 47	8 99	52 34	84 49	142 64
20	2 63	4 10	6 74	36 99	60 52	102 25
25	1 95	3 04	5 00	25 52	42 63	73 44
30	1 44	2 25	3 71	17 02	29 35	51 30
35	1 06	1 66	2 74	10 73	19 53	35 39
40	0 79	1 23	2 02	6 08	12 28	23 57
45	0 8	0 91	1 49	2 64	6 92	14 07
50	0 2	0 66	1 09	»	2 96	8 40
55	»	0 47	0 77	»	»	3
60	»		0 [illegible]	»	»	»

CAPITAL RÉSERVÉ.

AGES au versement unique ou au 1er versement.	VERSEMENT UNIQUE de 5 francs. — Retraite à l'âge			VERSEMENTS ANNUELS de 5 francs. — Retraite à l'âge		
	de 50 ans.	de 55 ans.	de 60 ans.	de 50 ans.	de 55 ans.	de 60 ans.
	fr. c.	fr. c.	fr. c.	fr. c	fr. c.	fr. c.
3 ans..........	5 85	9 13	15 01	89 47	141 18	233 68
10..............	3 81	5 95	78	55 92	88 83	147 57
15...	2 81	4 39	7 21	39 34	62 96	105 05
20..............	2 05	3 21	5 28	27 15	43 94	73 80
25..............	1 49	2 33	3 83	18 26	30 06	51 00
30..............	1 07	1 68	2 76	11 82	20 01	34 48
35..............	0 77	1 20	1 97	7 19	12 79	22 62
40..............	0 54	0 84	1 39	3 91	7 66	14 20
45..............	0 37	0 58	0 95	1 62	4 09	8 33
50..............	0 24	0 38	0 63	»	1 66	4 33
55..............	»	0 24	0 41	»	»	1 71
60..............	»	»	0 25	»	»	»

MONT-DE-PIÉTÉ.

L'institution du Mont-de-Piété a pour but de faciliter, à ceux qui ont besoin d'argent, un emprunt immédiat contre le dépôt d'un nantissement.

Le Mont-de-Piété prête sur dépôt d'objets de toute nature, en conservant le droit de vendre le gage s'il n'est pas retiré à l'époque fixée dans la reconnaissance qu'il en délivre.

Sur les matières d'or et d'argent, il prête les quatre

cinquièmes de la valeur, et sur les objets mobiliers, les 3/4.

Le minimum du prêt est de 3 fr.

Le prêt est fait pour un an, avec la faculté de dégager, avant l'expiration de l'année, le nantissement, mais à la charge, par l'emprunteur, de payer l'intérêt des mois échus, ou, à l'expiration du terme, de renouveler son engagement. Le remboursement peut être fait par à-compte.

L'intérêt est de 3/4 p. 0/0 par mois ou 9 p. 0/0 par an.

Si, l'année échue, l'emprunteur n'a pas retiré son gage ou renouvelé son engagement, le gage est vendu aux enchères publiques, et le boni ou plus-value qui en résulte, prêt et frais prélevés, reste pendant trois ans à la disposition de l'emprunteur : passé ce temps, le boni appartient au Mont-de-Piété.

Le Mont-de-Piété reçoit environ, par an, un million cent quatre-vingts articles, pour une valeur de 20 millions, et il n'en est dégagé que 79 pour 0/0 à peu près.

Près de trois mille huit cents articles sont déposés par jour, et il s'en dégage environ trois mille six cents. Les samedis, les dégagements s'élèvent de cinq à six mille.

Il y a une maison principale rue des Blancs-Manteaux, au Marais, et des bureaux auxiliaires, rue de la Pépinière, 14, et rue de la Montagne Sainte-Geneviève, 6, et une succursale rue des Petits-Augustins, partagée en neuf divisions.

Vingt-quatre commissionnaires, accrédités par l'administration, établis dans les différents quartiers de Paris, reçoivent les objets, font les avances et en donnent reconnaissance, déposent les gages au Mont-de-Piété et les retirent. Ils perçoivent un droit de commission de 2 pour 100.

Le Mont-de-Piété est administré, sous l'autorité du ministre de l'Intérieur, par un directeur et un conseil de surveillance. (Voir le décret du 24 mars 1852.)

PRIX MONTYON.

M. de Montyon a légué à l'Académie française une somme pour la fondation d'un prix annuel à décerner au Français pauvre qui aura fait l'action la plus vertueuse. L'Académie divise cette somme en plusieurs prix et en un certain nombre de médailles dont la valeur est fixée lors du jugement de chaque concours.

Les personnes qui connaissent une ou plusieurs actions dignes d'être offertes à la reconnaissance publique peuvent rédiger un mémoire qui expose les faits avec détail ; ce mémoire est remis à l'autorité municipale, qui le fait parvenir au secrétariat de l'Institut.

Tous les renseignements relatifs à l'obtention du prix de vertu, les pièces authentiques à l'appui, et les certificats légalisés doivent parvenir au secrétariat de l'Académie française, palais de l'Institut, avant le 15 janvier de chaque année.

CHAPITRE IV.

ŒUVRES ECCLÉSIASTIQUES ET COMMUNAUTÉS RELIGIEUSES VOUÉES AU SERVICE DES PAUVRES.

Sœurs de Saint-Vincent de Paul (Sœurs de la Charité), maison mère, rue du Bac, 132, sous la direction du supérieur général des Lazaristes. — Cette congrégation a été fondée en 1617 par S. Vincent de Paul, pour secourir les malades, instruire les jeunes filles pauvres, et prendre soin des orphelins et des enfants abandonnés.

Les Sœurs de la Charité visitent les pauvres à domicile, et sont chargées de la direction de la plupart des maisons de secours de la ville de Paris. (V. *Bureaux de bienfaisance,* p. 129.)

Elles desservent grand nombre d'hospices et d'hôpitaux. (V. *Hospices* et *Hôpitaux,* p. 142.)

Elles tiennent des écoles et des ouvroirs pour les jeunes filles. (V. *Écoles des Sœurs*, p. 43.)

Elles distribuent dans un grand nombre de paroisses des aumônes de MM. les curés et des personnes charitables.

Elles tiennent, rue de Varennes, 16, une maison

de charité fondée par M. le curé de l'Abbaye-aux-Bois, pour les pauvres de la paroisse.

Dans plusieurs de leurs maisons, les Sœurs de Saint-Vincent de Paul prennent à demeure un certain nombre de jeunes filles orphelines ou sans aucune ressource. Ces enfants coûtent de 15 à 20 fr. par mois, et les établissements qui les adoptent n'ont souvent que leur travail pour compenser la dépense. (V. p. 46.)

C'est donc s'associer au bien que font les Sœurs que de procurer du travail à ces établissements. Les jeunes filles élevées ainsi par les Sœurs présentent aux familles honnêtes et religieuses toutes les garanties de moralité, et peuvent être employées avec confiance comme ouvrières, femmes de chambre ou bonnes d'enfants.

C'est auprès des Sœurs que l'on trouve les renseignements les plus positifs sur les pauvres du quartier qu'elles habitent, la nature de leurs besoins et la meilleure manière de les secourir.

Les Dames hospitalières de Saint-Thomas-de-Villeneuve soignent les malades, desservent les hôpitaux et élèvent les jeunes filles.

1° Rue de Sèvres, 27, tous les matins des secours

sont distribués aux pauvres ; il y a pansement pour les malades, principalement les enfants atteints de la teigne ou d'une maladie de peau.

2° Rue d'Enfer, maison du Bon-Pasteur.

3° Rue de Sèvres, 149, Hôpital des Enfants, dit de l'Enfant-Jésus.

4° Impasse des Vignes.

Les *Augustines* desservent l'Hôtel-Dieu, l'hôpital Saint-Louis, la Charité.

Les *Filles de la Charité de Nevers*, l'Asile national de la Providence.

Les *Sœurs de Sainte-Marie*, Cochin et divers bureaux de bienfaisance.

Les *Sœurs de Sainte-Marthe*, Beaujon, la Pitié, Saint-Antoine.

Les *Sœurs des Écoles chrétiennes* ont un pensionnat rue Notre-Dame des Champs, 42 ; une école du jour, du soir, et une classe du dimanche, rue de la Roquette, 106.

Les *Sœurs de la Sagesse* ont une école à Chaillot, Grande rue.

Les *Dames de Bon-Secours*, sœurs gardes-malades, rue Notre-Dame des Champs, 12.

Ces Dames gardent et soignent à domicile les personnes malades qui les font demander.

Le prix remis à l'établissement est par jour de 5 fr. et 3 fr. pour les domestiques.

Les Sœurs doivent être nourries et ne demandent que six heures de repos.

Les *Dames de Notre-Dame de la Charité,* à Saint-Michel, rue Saint-Jacques, 295-297, reçoivent des jeunes filles repenties ; elles leur donnent l'habit religieux de la maison, les occupent aux travaux d'aiguille et aux exercices religieux.

Les *Dames de Notre-Dame de la Charité du Bon-Pasteur,* rue des Postes, 52, ont un pensionnat et une classe de préservation.

Les *Sœurs de Saint-André*, dont la maison mère est dans le diocèse de Poitiers, instruisent les pauvres enfants de la campagne, et soignent les malades à domicile.

Elles furent appelées dans le diocèse de Paris par l'abbé Legris-Duval.

La maison de noviciat pour ce diocèse est située rue de Sèvres, 108.

Vingt-huit établissements de deux ou trois Sœurs sont répandus dans les environs de Paris. Les jeunes filles pauvres y sont instruites gratuitement.

La maison de noviciat reçoit des enfants externes

et des pensionnaires, dont quelques-unes gratuitement, et les autres payant une pension de 240 à 300 fr. Toutes les Sœurs établies dans le diocèse de Paris viennent se faire soigner à la maison du noviciat lorsqu'elles sont malades.

Petites Sœurs des pauvres, voy. p. 96.

Les *Sœurs de Juilly* ont une maison d'éducation pour les petites filles, sur la paroisse Saint-Jean-Saint-François.

OEUVRE DES PETITS SÉMINAIRES.

L'*Œuvre des Petits Séminaires* a pour but de fournir aux dépenses de la maison où sont reçus et instruits les enfants qui se destinent au sacerdoce.

Le Petit Séminaire de Paris est situé rue Notre-Dame des Champs.

Les enfants y sont reçus dès l'âge de douze ans ; ils y achèvent leurs études classiques, et ne le quittent que pour entrer au Grand Séminaire, où, avant d'être élevés au sacerdoce, ils font leur philosophie et leur théologie.

Pour être reçu au Petit Séminaire, il faut avoir fait sa première communion, avoir reçu l'instruction primaire et les premières notions du latin.

Le prix de la pension est de 800 fr. par an ; mais dès la seconde année, les enfants, s'ils montrent de la vocation et de la capacité, peuvent obtenir, à la suite d'un examen, une bourse entière ou une demi-bourse.

Les dépenses des bourses sont fournies par l'Œuvre des Petits Séminaires, composée de dames qui se sont partagé les différents quartiers de Paris, et vont à cette intention faire chaque année une quête à domicile.

Trésorière générale de l'Œuvre : Mademoiselle de Lariandérie, rue Férou-Saint-Sulpice, 28.

OEUVRE DE LA PROPAGATION DE LA FOI.

L'*Œuvre de la Propagation de la foi,* fondée en 1822 à Lyon, s'est répandue en peu de temps dans tous les diocèses de la France et dans les pays étrangers. Elle compte aujourd'hui 1,500,000 associés, et distribue ses Annales à près de 165,000 exemplaires, tant en français qu'en diverses langues étrangères.

L'Œuvre publie ses Annales au prix de 75 centimes le numéro.

Elle a pour but unique d'aider par des prières et par des aumônes les missionnaires catholiques chargés de la prédication de l'Évangile dans les pays d'outre-mer, et de secourir les Églises catholiques dans les pays protestants ou schismatiques d'Europe.

Pour être membre de l'Œuvre, il suffit, 1° d'appliquer à son intention le *Pater* ou l'*Ave* de la prière du matin ou du soir de chaque jour, et d'y joindre chaque fois cette invocation : S. François-Xavier, priez pour nous ! 2° de donner en aumônes pour les missions *cinq centimes par semaine.*

L'Œuvre est administrée par deux conseils, composés d'ecclésiastiques et de laïques, qui siégent, l'un à Paris, l'autre à Lyon ; chaque conseil élit son président et son trésorier, et s'entend avec l'autre conseil pour la répartition des fonds entre les différentes missions.

Les fonctions de tous les membres sont essentiellement gratuites.

Pour la plus facile perception des aumônes, un souscripteur par dix est chargé de les recueillir ; il en verse le montant entre les mains d'un autre membre de l'Œuvre qui a dix collectes semblables à recevoir, c'est-à-dire cent souscriptions, et celui-ci verse à son tour sa recette entre les mains d'un troisième chargé de réunir dix recettes de même valeur, c'est-à-dire mille souscriptions.

L'Œuvre ne donne lieu à aucune réunion, soit générale, soit particulière.

Les nouvelles reçues des missions sont, par les soins des deux conseils, publiées en entier ou par extrait dans un recueil destiné à faire suite aux *Lettres édifiantes*, sous le titre d'*Annales de la Propagation de la Foi.*

Cette publication renferme en outre chaque année le *compte rendu des aumônes recueillies par diocèse, et la répartition qui en a été faite entre les différentes missions.*

Toute personne qui réunit dix souscriptions, en comptant la sienne, a droit à la propriété d'un exemplaire des *Annales*, dont elle procure gratuitement la lecture aux neuf autres souscripteurs.

Nos très-saints Pères les Papes Pie VII, Léon XII, Pie VIII, Grégoire XVI et Pie IX ont accordé à tous les membres de l'Œuvre de la *Propagation de la Foi* diverses indulgences particulières et l'indulgence plénière pour les fêtes de l'Invention de la Sainte-Croix et de Saint-François-Xavier, et une fois par mois, le jour au choix de chaque associé, pourvu qu'il ait récité tous les jours de ce mois les prières indiquées. Ces indulgences pourront être appliquées par voie de suffrage aux âmes du purgatoire.

Tous les ans, il est célébré dans l'Église des Missions-Étrangères une messe pour le repos de l'âme des missionnaires et des souscripteurs décédés. Un sermon est prêché en faveur de l'Œuvre, mais il n'y est point fait de quête.

Le trésorier du conseil central de Paris est M. Choiselat, rue Cassette, 24, qui est aussi chargé de la distribution des *Annales* aux souscripteurs.

On souscrit également dans toutes les paroisses.

On peut adresser au trésorier les ornements sacerdotaux, les garnitures d'autel, le linge, les missels et bréviaires romains et tous les objets servant au culte, quand même ils auraient déjà servi.

OEUVRE DE LA SAINTE-ENFANCE.

L'Œuvre a pour but : 1° de procurer le baptème à ceux qui sont en danger de mort ; 2° de racheter ceux qui peuvent être conservés ; 3° de les élever dans des écoles et asiles.

Elle reçoit comme *associés* les enfants depuis leur baptême jusqu'à leur première communion ; pour *agrégés* les enfants depuis leur première communion jusqu'à l'âge de 21 ans, et, au delà de cet âge, les personnes qui sont en même temps de la Propagation de la foi. En l'honneur des douze années de la Sainte-Enfance de N. S., tout y est rangé par douze, les associés en séries, les séries en sous-divisions, les sous-divisions en divisions.

Les associés et agrégés doivent : 1° Réciter chaque jour un *Ave Maria*, avec cette prière : *Vierge sainte et saint Joseph, priez pour nous et pour les pauvres enfants infidèles ;* 2° donner une aumône de 5 *centimes* par mois, ou 60 *centimes* par an. Les souverains pontifes Grégoire XVI et Pie IX, par divers rescrits, ont enrichi cette Œuvre des enfants des plus précieuses indulgences. Elle fait célébrer, à l'intention de ses associés, deux messes par mois, et deux messes par an auxquelles sont convoqués tous les associés de chaque paroisse ; elle donne une image et une médaille à chaque associé, et six bulletins d'Annales par an à chaque série de douze associés.

L'Œuvre de la Sainte-Enfance est dirigée dans chaque paroisse par un directeur assisté de deux comités distincts de douze jeunes zélateurs et de douze jeunes zélatrices ; dans chaque diocèse, par un conseil diocésain, et à Paris par un conseil central qui se compose de vingt-quatre membres, huit laïques et seize ecclésiastiques. Les supérieurs des congrégations de missionnaires sont membres permanents de ce conseil.

Président d'honneur : Mgr l'Archevêque de Paris.

Président : Mgr l'évêque d'Arras.

Directeur : M. l'abbé Jammes, ancien vicaire général de Paris, rue Chanoinesse, 4.

Cette Œuvre, fondée en 1843 par M. de Forbin-Janson, évêque de Nancy, s'est rapidement propagée dans toute la France, en Belgique, en Hollande, en Suède, en Russie, dans toute l'Allemagne, en Suisse, en Italie, en Angleterre, dans l'Amérique du Nord et du Sud, et jusque dans les Indes.

Les Annales de la Sainte-Enfance se tirent à Paris à 50,000 exemplaires, sans compter l'édition allemande à 20,000, ni les éditions flamande, hollandaise, anglaise, italienne, etc.

INFIRMERIE DE MARIE-THÉRESE,

POUR LES PRÊTRES AGÉS OU INFIRMES,

RUE D'ENFER, 86.

Cette maison, fondée en 1819 par madame la vicomtesse de Châteaubriand, pour servir d'asile à la vieillesse de quelques-unes des victimes de la première révolution, et reconnue comme établissement d'utilité publique par ordonnance royale de décembre 1827, appartient maintenant au diocèse de Paris.

Elle est consacrée à servir de maison de santé aux ecclésiastiques valétudinaires, et de maison de retraite à ceux que l'âge ou les infirmités éloignent du ministère.

L'infirmerie renferme 32 lits. Elle est dirigée par les Sœurs de Saint-Vincent de Paul.

Les admissions sont purement gratuites et prononcées par monseigneur l'Archevêque.

Les ressources de la maison consistent dans une quête annuelle, à la suite d'un sermon prononcé chaque année dans la chapelle de Marie-Thérèse, et dans la vente du chocolat fabriqué par les Sœurs.

OEUVRE DES TABERNACLES

ET DES PAUVRES ÉGLISES.

L'Œuvre des Tabernacles et des Pauvres Églises, fondée par M. l'abbé de Bouillerie, vicaire général de Paris, a pour but de fournir gratuitement aux églises pauvres de France les objets nécessaires pour la célébration du culte divin.

Pour atteindre ce but, les ressources de l'Œuvre sont : 1° des souscriptions de 3 fr. au moins; 2° les dons en nature, tels qu'étoffes, anciennes robes de soie, fleurs artificielles, enfin, tous objets pouvant servir au culte.

Les Dames associées de l'Œuvre s'occupent de confectionner le linge et les ornements.

Il y a tous les ans, dans le courant de l'hiver, une exposition de tous les objets achetés et confectionnés par l'Œuvre dans l'année. Et c'est après cette exposition qu'a lieu la distribution des dons aux églises pauvres.

L'Œuvre reçoit les demandes qui lui sont faites pour les églises qui peuvent avoir besoin de son assistance : elle y fait droit suivant ses ressources et d'après les renseignements fournis par les administrations diocésaines.

Les dons et les demandes peuvent être adressés à

madame la marquise de Rastignac, présidente, rue de l'Université, 33.

OEUVRE DES NOUVELLES CONVERTIES.

Cette Œuvre a pour but de recueillir des personnes nouvellement converties, de leur donner un asile en cas d'abandon de leur famille, d'achever leur instruction religieuse et de les affermir dans la route du bien.

Par la dénomination de Nouvelles Converties, l'Œuvre entend : 1° les personnes ayant appartenu au culte judaïque, et récemment entrées, au moins par leurs demandes et leurs désirs, dans le sein de l'Église. Sous ce rapport, cette Œuvre est comme le complément de l'Œuvre de Notre-Dame de Sion ; 2° les personnes ayant appartenu au culte protestant ; 3° les personnes catholiques qui ont besoin d'instruction religieuse pour revenir à la pratique du bien. S'adresser, pour les renseignements, à la maison de l'Œuvre, rue de Monsieur, 4 bis.

OEUVRE DU RACHAT.

L'Œuvre du Rachat a pour but de tirer de l'esclavage les femmes et les jeunes filles noires, et d'en faire des chrétiennes. Une fois rachetées, ces femmes trouveront asile dans des maisons que leur aura ouvertes la charité française. Parmi ces pauvres rachetées, les unes pourront rester en France attachées au service domestique; les autres, et ce sera le plus grand nombre, retourneront en Orient ou s'établiront en Algérie, pour donner aux musulmans l'utile spectacle des vertus chrétiennes.

Les dons peuvent être remis à M. l'abbé Petétot, curé de Saint-Roch, président, et à M. l'abbé Viella-Abadie, trésorier, rue Joubert, 45.

OEUVRE DES ALLEMANDS.

L'Œuvre des Allemands, fondée en 1850 par monseigneur l'Archevêque de Paris, est placée sous le patronage de saint Joseph, et dirigée par les R. P. Jésuites.

Grâce à cette Œuvre, les 80,000 Allemands qui habitent Paris ne sont plus privés des secours religieux, que des efforts isolés n'avaient pu jusqu'à cette époque leur ménager que d'une manière tout à fait insuffisante.

Une église a été construite pour eux rue Lafayette, 126, faubourg Saint-Martin; des offices et instructions leur sont spécialement consacrés dans les églises

Sainte-Marguerite, Saint-Merry, et dans la chapelle des Jésuites, rue des Postes, 18.

Quatre écoles, tenues par les Sœurs de Saint-Charles de Nancy, sont ouvertes pour les petites filles allemandes ; deux écoles sont destinées aux jeunes garçons. 500 enfants des deux sexes y reçoivent les bienfaits de l'instruction chrétienne. On peut s'adresser, pour les renseignements à prendre, à la maison des Missionnaires, rue de Lafayette, 126.

AUMONIERS DES DERNIÈRES PRIÈRES.

Sur la demande de Mgr l'Archevêque de Paris, d'après un projet présenté à S. G. par M. de Cormenin, membre de la Commission des OEuvres, un décret, du 21 mars 1852, a institué, sous le titre d'*Œuvre des dernières prières*, six aumôniers qui ont pour office de recevoir gratuitement, aux portes des trois cimetières de Paris, les corps qui ne peuvent pas être accompagnés par le clergé jusqu'au cimetière, de les conduire à la fosse commune, et de réciter les dernières prières de l'Église.

Le Conseil municipal de Paris a voulu s'associer à cette bonne œuvre, en allouant les frais de logement des six aumôniers.

OEUVRE DES PÈRES CAPUCINS.

Par les soins de feu M. l'abbé Collin, curé de Saint-Sulpice, et de M. le curé de l'Abbaye-aux-Bois, une petite communauté de Pères Capucins s'est établie depuis deux ans à Paris, près le cimetière de l'Est, pour procurer gratuitement aux pauvres les dernières bénédictions de la religion. Une chapelle s'élève en ce moment à l'aide de souscriptions et d'un sermon de charité.

OEUVRE SAVOISIENNE.

L'Œuvre Savoisienne a pour but de conserver les sentiments religieux dans ses membres. Elle les réunit les dimanches soir pour leur donner une instruction religieuse, et elle leur procure des places dans les maisons chrétiennes.

S'adresser à M. l'abbé Gaullier, rue Notre-Dame de Bonne-Nouvelle, 2.

CHAPITRE V.

INSTITUTIONS DE PÉNITENCE, DE RÉHABILITATION ET DE SECOURS AUX PRISONNIERS.

CORRECTION PATERNELLE.

Lorsqu'un enfant donne à sa famille de graves sujets de mécontentement, son père peut, s'il a moins de seize ans, demander au président du tribunal de première instance son admission dans une maison de correction; cette admission ne peut être refusée, mais n'excède pas un mois.

Lorsque l'enfant a plus de seize ans, sans être majeur ou émancipé, si avant cet âge il a des biens personnels, s'il exerce un état, s'il est orphelin de mère et que son père soit remarié, s'il est orphelin de père et que sa mère ait l'assentiment des deux plus proches parents paternels, le président du tribunal peut, sur la demande du père ou de la mère, le faire entrer dans une maison de correction pour six mois au plus.

La demande peut être répétée lorsque l'enfant mérite une nouvelle correction.

Les garçons ainsi détenus sont admis à la maison

pénitentiaire, rue de la Roquette; ils sont renfermés dans des cellules, dans un quartier séparé des autres jeunes condamnés; ils reçoivent les leçons des Frères, l'instruction de l'aumônier, et exercent un état.

Les jeunes filles sont enfermées à Saint-Lazare, et, par protection spéciale, à la maison de la Madeleine, rue des Postes, où elles sont instruites par les Sœurs, et visitées par les Dames, qui les surveillent et les encouragent au bien.

Le président du tribunal détermine, suivant les ressources des parents, la somme qu'ils ont à payer pour les frais d'entretien et de nourriture de leurs enfants, ou si ceux-ci seront reçus gratuitement.

SOCIÉTÉ DE PATRONAGE

POUR LES JEUNES LIBÉRÉS,

RECONNUE COMME ÉTABLISSEMENT D'UTILITÉ PUBLIQUE PAR ORDONNANCE ROYALE DU 5 JUIN 1843.

La Société des jeunes Libérés du département de la Seine applique le système de surveillance et de placement en apprentissage aux enfants sortant de la maison pénitentiaire des jeunes détenus de la Roquette et des Madelonnettes ; elle désigne à chaque libéré qui accepte son patronage un maître et un patron ; le pécule gagné par le travail dans la prison est remis alors à la Société, qui l'applique à l'entretien et à l'apprentissage du jeune libéré.

Une commission de six membres de la Société est chargée d'étudier, dans la prison même, les habitudes des jeunes détenus.

Quelques jeunes détenus obtiennent leur liberté avant l'expiration de leur peine, et passent sous le patronage et à la charge de la Société.

Pour ceux-là, le gouvernement alloue 60 centimes par jour.

A la fin du patronage, des prix et encouragements sont distribués aux jeunes libérés qui ont le mieux mérité.

Depuis plusieurs années, les récidives ne dépassent pas 7 pour 100.

Le ministre de l'Intérieur, le conseil général du département de la Seine et la ville de Paris donnent une subvention de 12,500 fr.

Les souscriptions, dons, etc., couvrent le reste des dépenses, qui s'élèvent à 22,000 fr.

La Société est administrée par un conseil présidé par M. le comte de Bérenger.

Pour devenir membre de la Société et pour tout ce qui a rapport au placement et au patronage, s'adresser à M. Grellet-Wammy, agent général de la Société, rue Jacob, 39.

COLONIE AGRICOLE DE METTRAY,

POUR LES JEUNES DÉTENUS.

Cet établissement, fondé depuis 1837, à Mettray, dans le département d'Indre-et-Loire, est exclusivement consacré aux enfants qui, reconnus coupables d'un crime ou d'un délit, ont été acquittés pour avoir agi sans discernement, mais sont condamnés à rester entre les mains de la justice jusqu'à l'âge de leur majorité.

La maison de Mettray retire des prisons ceux qui montrent le plus de repentir et les meilleures dispositions.

Les jeunes colons ne sont admis que sur la présentation du directeur de la maison où ils étaient détenus, et après un examen du directeur de l'établissement. Ils sont occupés aux travaux agricoles, et dans la mauvaise saison aux ateliers sédentaires; ils reçoivent en outre l'instruction primaire. Le gouvernement accorde pour chaque enfant 80 cent. par jour et 80 fr. de trousseau. L'enfant coûte à l'établissement 290 fr. par an.

La maison est dirigée, sous la surveillance d'un conseil d'administration siégeant à Paris, par MM. de Metz et le vicomte de Bretignières de Courteilles.

Une société de fondateurs payant 100 francs par an nomme le conseil d'administration, et chaque année il est rendu compte de la situation de la maison dans une séance publique à laquelle sont convoqués tous les souscripteurs.

La maison est soutenue par des subventions du gouvernement, par des dons et souscriptions.

Les souscriptions sont reçues chez M. F. Delessert, trésorier, rue Montmartre, 176, et chez M. Paul Verdier, agent de la Société, rue des Moulins, 10.

OEUVRE DES DAMES VISITANT LES PRISONS.

Cette association visite dans les prisons les femmes détenues, soit avant, soit après le jugement.

Les dames de l'Œuvre font aux prisonnières des instructions sur la religion, surveillent leurs ateliers, leur distribuent des secours et les placent à leur sortie comme ouvrières ou domestiques.

La présidente est madame la marquise de La Grange, rue de Grenelle, 113 ; la secrétaire, madame Lechevalier. Cette association a fondé deux établissements : l'un pour les jeunes filles, rue de Vaugirard, 81 ; l'autre pour les femmes libérées et sans ressources. (Voyez *Ouvroir de Vaugirard.*)

OUVROIR DE VAUGIRARD,

RUE DE VAUGIRARD, 81.

MAISON DE NOTRE-DAME DE MISÉRICORDE,

RUE DE VAUGIRARD, 186, A VAUGIRARD.

Cette maison, établie depuis plus de dix ans par les dames de l'Œuvre des prisons, et confiée sous leur direction aux soins des Sœurs de l'ordre de Marie-Joseph, est destinée à donner asile gratuitement aux femmes libérées dont la conduite en prison a été bonne, et qui, manifestant le désir de revenir à une vie régulière, ne sauraient trouver par elles-mêmes ni protection ni confiance dans la Société. Leur travail assidu vient en aide aux charges de la maison. Un quart du bénéfice est laissé à chaque ouvrière à titre d'encouragement.

On reçoit aussi des personnes sans ressources, des jeunes filles privées d'appui, moyennant une petite pension. L'Œuvre place ses protégées au dehors.

Présidente : Madame la comtesse de Biencourt, rue Saint-Dominique, 52.

Trésorière : Madame la comtesse de la Bouillerie, rue de Varennes, 128.

Intendante : Madame Audley, rue Madame, 40.

Secrétaire : Madame Amand-Guillaume, 14, rue de l'Abbaye.

SOCIÉTÉ DE PATRONAGE

DES JEUNES FILLES DÉTENUES ET ABANDONNÉES.

Cette Société prend sous sa protection de jeunes détenues pour les amener à une vie meilleure. Elle les réunit dans une maison, située rue de Vaugirard, 81, dirigée par des Sœurs religieuses sous l'inspection des dames de l'Œuvre.

Lorsque ces jeunes filles sont réformées, la Société les place, comme domestiques ou comme ouvrières, dans des maisons choisies avec soin. Des dames de l'Œuvre leur servent de patronnesses après ce placement, et les surveillent sans cesse pour les encourager dans leurs succès et pour les réprimander dans leurs fautes.

La Société se charge aussi des jeunes filles qui, sans avoir été détenues, sont exposées, par suite de l'abandon où elles se trouvent, à tous les dangers du vagabondage. Elle pourvoit à leur éducation, à leur placement et à leur surveillance après ce placement.

La maison du patronage, située rue de Vaugirard, 81, renferme 118 jeunes filles. Environ 700 autres, après avoir passé par la maison de réforme, sont placées au dehors et surveillées par les dames de l'Œuvre.

La Société est administrée par un comité, qui se

réunit une fois par semaine dans la maison de la rue de Vaugirard.

S'adresser, pour les dons et souscriptions, à Madame la marquise de Lagrange, présidente, rue de Grenelle-Saint-Germain ; Madame la comtesse de la Bouillerie, trésorière, rue de Varennes, 28, et à Madame Lechevalier, secrétaire.

Cette Œuvre se soutient par des souscriptions. Elle reçoit en outre des secours du ministère de l'Intérieur, du conseil municipal de Paris et du conseil général du département de la Seine.

OEUVRE

ET MAISON DE REFUGE DU BON PASTEUR,

RUE D'ENFER, 89.

Une association de dames, fondée en 1821 par M. l'abbé Legris-Duval, sous le nom de l'*Œuvre du Bon-Pasteur*, s'occupe à ramener au bien les jeunes filles que leur déréglement a conduites à l'infirmerie ou aux ateliers de Saint-Lazare.

Les pénitentes entrent dans une maison de refuge dite du *Bon-Pasteur*, établie rue d'Enfer, 89, et desservie par les Dames de Saint-Thomas de Villeneuve.

Elles sont reçues de seize à vingt-trois ans. Entrées volontairement dans la maison, elles y consacrent leur temps à la prière et au travail ; et lorsqu'elles ont été mises en état de gagner leur vie, elles sont placées dans des maisons de confiance par les soins des Dames de l'association.

L'Œuvre est présidée par madame la comtesse de Vignolles, rue Saint-Dominique, 39.

Une succursale pour les femmes plus âgées et repentantes a été établie par les soins de la même assosociation.

L'Œuvre a pour ressources une quête annuelle, les cotisations de ses membres et des subventions du conseil général et du gouvernement.

Lorsque les pénitentes se sentent portées à la vocation religieuse, elles sont reçues à *Sainte-Marie-Madeleine*, rue des Postes, établissement fondé par M. l'abbé Desjardins ; et chez les Dames de la Charité Notre-Dame, au monastère de *Saint-Michel*, rue Saint-Jacques, 193 et 195.

ŒUVRE DES PRISONNIERS POUR DETTES.

La Société instituée pour la délivrance et le soulagement des prisonniers pour dettes, fondée à la fin du seizième siècle par madame de Lamoignon, délivre les détenus pour dettes que leurs malheurs et leur probité recommandent à son intérêt ; elle choisit de préférence ceux dont la liberté et le travail sont le plus nécessaires à leurs familles.

Elle a aussi pour objet de porter des consolations et secours aux familles des prisonniers, et d'assister ceux qu'elle a rendus à la liberté en leur donnant les premiers fonds nécessaires pour reprendre leur commerce ou leur état.

Plusieurs membres versés dans la connaissance des lois, des magistrats, des avocats examinent les affaires des prisonniers, et se mettent en rapport avec les créanciers pour en obtenir des remises sur la dette et des arrangements qui assurent la liberté du débiteur.

Des commissaires visitent les prisonniers et leurs familles.

Des médecins donnent leurs soins aux malades, et leur font obtenir gratuitement les médicaments.

Toute demande faite par un détenu doit être adressée au secrétaire ou à une des personnes de l'Œuvre ; elle est transmise au conseil, qui charge un de ses membres de prendre tous les renseignements pour en faire son rapport dans la plus prochaine réunion.

L'Œuvre ne s'occupe que des prisonniers détenus dans le département de la Seine.

Ses ressources consistent dans une quête annuelle, qui a lieu au carême, ordinairement le premier vendredi après les Cendres, et dans des abonnements et des dons.

Les offrandes sont reçues chez madame des Glajeux née d'Ormesson, trésorière de l'Œuvre, rue Saint-Dominique Saint-Germain, 21.

Les demandes peuvent être adressées à M. Jules Hamelin, secrétaire, rue Saint-Honoré, 317.

SOCIÉTÉ DE PATRONAGE

POUR LES PRÉVENUS ACQUITTÉS,

RUE D'ENGHIEN, 1.

La Société, fondée en 1836, prend sous sa protection les malheureux prévenus qui ont été reconnus innocents, et à qui une longue détention préventive a enlevé leurs ressources et leurs moyens d'existence; elle pourvoit pendant quelques jours à leur subsistance, et leur facilite les moyens de reprendre leur état. Une maison d'asile, située rue des Anglaises, 1, reçoit les prévenus acquittés jusqu'à ce que la Société leur ait trouvé une place ou de l'ouvrage, ou les ait renvoyés dans leur pays.

Les dons et souscriptions peuvent être envoyés à MM. Gareau, secrétaire de la Société, rue Basse-du-Rempart, 26; Foucher, notaire, trésorier, rue de Provence, 44.

— M. l'abbé Hugon, aumônier de la grande Roquette, a organisé, avec le concours des membres de la Société de Saint-Vincent de Paul, une Œuvre de patronage en faveur des condamnés libérés.

CHAPITRE SIXIÈME.

LOIS ET DOCUMENTS OFFICIELS RELATIFS A LA CHARITÉ PUBLIQUE OU PRIVÉE.

RECONNAISSANCE D'UNE INSTITUTION CHARITABLE COMME ÉTABLISSEMENT D'UTILITÉ PUBLIQUE.

Lorsqu'une association charitable veut être admise à faire les actes de la vie civile, comme posséder légalement, acheter, vendre, accepter des legs et donations, elle doit obtenir un décret du président de la République rendu en conseil d'État sur le rapport du ministre de l'Intérieur, qui la reconnaît établissement d'utilité publique.

A cet effet, la demande doit être adressée au ministre de l'Intérieur, avec une expédition authentique de l'acte contenant les statuts de la société qui sollicite l'ordonnance.

Toute disposition entre-vifs et par testament faite au profit des pauvres ou d'un établissement de charité reconnu ne peut recevoir d'effet qu'après l'autorisation du préfet, lorsqu'il n'y a pas réclamation des familles.

Les legs et donations faits à une société non reconnue ne lui donnent aucun droit.

ORDONNANCE CONCERNANT LES LOTERIES DE CHARITÉ.

Les autorisations pour l'établissement des loteries désignées en l'art. 5 de la loi du 21 mai 1836 seront délivrées, savoir : par le préfet de police pour Paris et le département de la Seine, et dans les autres départements, par les préfets, sur la proposition des maires.

Ces autorisations ne seront accordées que pour un seul tirage; elles énonceront les conditions auxquelles elles auront été accordées dans l'intérêt du bon ordre et dans celui du bénéficiaire.

Lesdits tirages se feront sous l'inspection de l'autorité municipale aux jours et heures qu'elle aura déterminés.

L'autorité municipale pourra, lorsqu'elle le jugera convenable, faire intervenir dans cette opération la présence de ses délégués ou de commissaires agréés par elle.

Le produit net des loteries dont il s'agit sera entièrement appliqué à la destination pour laquelle elles auront été établies et autorisées, et il devra en être valablement certifié.

O. R., 29 mai 1844.

LOI RELATIVE AUX LOGEMENTS INSALUBRES.

(13 avril 1850.)

Art. 1er.— Dans toute commune où le conseil municipal l'aura déclaré nécessaire par une déclaration spéciale, il nommera une commission chargée de rechercher et indiquer les mesures indispensables d'assainissement des logements et dépendances insalubres mis en location ou occupés par d'autres que le propriétaire, l'usufruitier ou l'usager.

Sont réputés insalubres les logements qui se trouvent dans des conditions de nature à porter atteinte à la vie ou à la santé de leurs habitants.

LOI SUR L'ÉDUCATION ET LE PATRONAGE DES JEUNES DÉTENUS.

(5 août 1850.)

Art. 6. — Dans les cinq ans qui suivront la promulgation de la présente loi, les particuliers ou les associations qui voudront établir des colonies pénitentiaires pour les jeunes détenus, formeront, auprès du ministre de l'Intérieur, une demande en autorisation, et produiront à l'appui les plans, statuts et règlements intérieurs de ces établissements.

Le ministre pourra passer des traités avec ces établissements, dûment autorisés, pour la garde, l'entretien et l'éducation d'un nombre déterminé de jeunes détenus.

A l'expiration des cinq années, si le nombre total des jeunes détenus n'a pu être placé dans des établissements particuliers, il sera pourvu, aux frais de l'État, à la fondation de colonies pénitentiaires.

Art. 8. — Il est établi auprès de toute colonie pénitentiaire un conseil de surveillance, qui se compose d'un délégué du préfet, d'un ecclésiastique désigné par l'évêque du diocèse, de deux délégués du conseil général, d'un membre du Tribunal civil de l'arrondissement, élu par ses collègues.

Art. 15. — Les règles tracées par la présente loi... s'appliquent aux maisons pénitentiaires destinées à recevoir les jeunes filles détenues.

Art. 18. — Le conseil de surveillance des maisons pénitentiaires se compose d'un ecclésiastique désigné par l'évêque du diocèse, et de quatre dames déléguées par le préfet du département.

Art. 20. — Sont à la charge de l'État... 2° les subventions aux établissements privés auxquels de jeunes détenus seront confiés.

LOI RELATIVE AU MARIAGE DES INDIGENTS.

(10 décembre 1850.)

Art. 1er. — Les pièces nécessaires au mariage des indigents pourront, sur la demande du maire, être réclamées et transmises par les procureurs de la République.

Art. 4. — Les extraits des registres de l'état civil, les actes de notoriété, de consentement, etc., sont délivrés gratuitement, sauf le droit d'expédition des actes de l'état civil, qui, en vertu de l'article 5, est réduit à 30 centimes, lorsqu'il n'y a pas lieu à légalisation, et à 50 centimes, lorsque cette dernière formalité devra être accomplie.

Art. 6. — Seront admises au bénéfice de la loi les personnes qui justifieront d'un certificat d'indigence, à elles délivré par le commissaire de police, ou par le maire dans les communes où il n'existe pas de commissaire de police, sur le vu d'un extrait du rôle des contributions, constatant que les parties intéressées payent moins de dix francs, ou d'un certificat du percepteur de leur commune, portant qu'elles ne sont pas imposées.

Le certificat d'indigence sera visé et approuvé par le juge de paix du canton.

Art. 9. — La présente loi est applicable au mariage entre Français et étrangers.

LOI SUR L'ASSISTANCE JUDICIAIRE.

(22 janvier 1851.)

L'admission à l'assistance judiciaire devant les tribunaux civils, les tribunaux de commerce et les juges de paix, est prononcée par un bureau spécial établi au chef-lieu judiciaire de chaque arrondissement, et composé de cinq membres. Le bureau d'assistance établi près d'une cour d'appel, de la cour de cassation ou du conseil d'État, se compose de sept membres (art. 2, 3, 4, 5).

Art. 8. — Toute personne qui réclame l'assistance judiciaire adresse sa demande sur papier libre au procureur de la République du tribunal de son domicile.

Art. 10. Quiconque demande à être admis à l'assistance judiciaire doit fournir : 1° un extrait du rôle de ses contributions, ou un certificat du percepteur de son domicile, constatant qu'il n'est pas imposé;

2° Une déclaration attestant qu'il est, à raison de son indigence, dans l'impossibilité d'exercer ses droits en justice, et contenant l'énumération détaillée de ses moyens d'existence, quels qu'ils soient.

Art. 14. — L'assisté est dispensé provisoirement du payement des sommes dues au Trésor pour droits de timbre, d'enregistrement et de greffe, ainsi que de toute consignation d'amende.

LOI RELATIVE AUX CONTRATS D'APPRENTISSAGE.

(22 février 1851.)

Cette loi règle la nature, la forme et les conditions du contrat d'apprentissage, les devoirs des maîtres et des apprentis, indique les cas de résolution du contrat et détermine les moyens d'en obtenir l'exécution.

Nous citerons seulement les articles qui intéressent spécialement les sociétés de patronage.

Art. 9. — La durée du travail effectif des apprentis âgés de moins de quatorze ans ne pourra dépasser dix heures par jour.

Pour les apprentis âgés de quatorze à seize ans, elle ne pourra dépasser douze heures.

Les dimanches et jours de fêtes reconnues ou légales, les apprentis, dans aucun cas, ne peuvent être tenus, vis-à-vis de leurs maîtres, à aucun travail de leur profession.

Art. 10. — Si l'apprenti âgé de moins de seize ans ne sait pas lire, écrire et compter, ou s'il n'a pas encore terminé sa première éducation religieuse, le maître est tenu de lui laisser prendre, sur la journée du travail, le temps et la liberté nécessaires pour son instruction.

Néanmoins, ce temps ne pourra pas excéder deux heures par jour.

LOI SUR LES HOSPICES ET HÔPITAUX.

(7 août 1851.)

Art. 1er. — Lorsqu'un individu privé de ressources tombe malade dans une commune, aucune condition de domicile ne peut être exigée pour son admission dans l'hôpital existant dans la commune.

Art. 16. — Lorsque la commune ne possédera pas d'hospice ou d'hôpitaux, où qu'ils seront insuffisants, le conseil municipal pourra traiter avec un établissement privé pour l'entretien des malades et des vieillards, après avoir consulté la Commission des hospices et des hôpitaux, qui sera chargée de veiller à l'exécution du contrat passé avec l'établissement privé.

Les traités devront être soumis à l'approbation du préfet.

DÉCRET RELATIF AUX SOCIÉTÉS DE SECOURS MUTUELS.

(26 mars 1852.)

TITRE Ier. — *Organisation et base des Sociétés de secours mutuels.*

Art. 1er. — Une Société de secours mutuels sera créée par les soins du maire et du curé dans chacune des communes où l'utilité en aura été reconnue.

Cette utilité sera déclarée par le préfet, après avoir pris l'avis du conseil municipal.

Toutefois, une seule Société pourra être créée pour deux ou plusieurs communes voisines entre elles, lorsque la population de chacune sera inférieure à mille habitants.

Art. 2. — Ces Sociétés se composent d'associés participants et de membres honoraires. Ceux-ci payent les cotisations fixées ou font des dons à l'Association sans participer aux bénéfices des statuts.

Art. 3. — Le président de chaque Société sera nommé par le président de la République.

Le bureau sera nommé par les membres de l'Association.

Art. 4. — Le président et le bureau prononceront l'admission des membres honoraires.

Le président surveillera et assurera l'exécution des statuts. Le bureau administrera la Société.

Art. 5. — Les associés participants ne pourront être reçus qu'au scrutin et à la majorité des voix de l'assemblée générale.

Le nombre des sociétaires participants ne pourra excéder celui de cinq cents ; cependant il pourra être augmenté en vertu d'une autorisation du préfet.

Art. 6. — Les Sociétés de secours mutuels auront pour but d'assurer des secours temporaires aux sociétaires malades, blessés ou infirmes, et de pourvoir à leurs frais funéraires.

Elles pourront promettre des pensions de retraite si elles comptent un nombre suffisant de membres honoraires.

Art. 7. — Les statuts de ces Sociétés seront soumis a l'approbation du ministre de l'Intérieur pour le département de la Seine, et du préfet pour les autres départements. Ces statuts régleront les cotisations de chaque sociétaire d'après les tables de maladie et de mortalité confectionnées ou approuvées par le gouvernement.

Titre II. — *Des droits et des obligations des Sociétés de secours mutuels approuvées.*

Art. 8. — Une Société de secours mutuels approuvée peut prendre des immeubles à bail, posséder des objets mobiliers, et faire tous les actes relatifs à ses droits.

Elle peut recevoir, avec l'autorisation du préfet, des dons et des legs mobiliers dont la valeur n'excède pas 5,000 fr.

Art. 9. — Les communes sont tenues de fournir gratuitement aux Sociétés approuvées les locaux nécessaires pour leurs réunions, ainsi que les livrets et registres nécessaires à l'administration et à la comptabilité.

En cas d'insuffisance des ressources de la commune, cette dépense est à la charge du département.

Art. 10. — Dans les villes où il existe un droit municipal sur les convois, il sera accordé à chaque Société une remise des deux tiers sur les convois, dont elle devra supporter les frais aux termes de ses statuts.

Art. 11. — Tous les actes intéressant les Sociétés de secours mutuels approuvées seront exempts des droits de timbre et d'enregistrement.

Art. 12. — Des diplômes pourront être délivrés par le bureau de la Société à chaque sociétaire participant.

Ces diplômes leur serviront de passe-port et de livret sous les conditions déterminées par un arrêté ministériel.

Art. 13. — Lorsque les fonds réunis dans la caisse d'une Société de plus de cent membres excéderont la somme de 3,000 fr., l'excédant sera versé à la caisse des dépôts et consignations.

Si la Société est de moins de cent membres, ce versement devra être opéré lorsque les fonds réunis dans la caisse dépasseront 1,000 francs.

Le taux de l'intérêt des sommes déposées est fixé à 4 1/2 pour 100 par an.

Art. 14. — Les Sociétés de secours mutuels approuvées pourront faire aux caisses d'épargne des dépôts de fonds égaux à la totalité de ceux qui seraient permis au profit de chaque sociétaire individuellement.

Elles pourront aussi verser dans la caisse des retraites, au nom de leurs membres actifs, les fonds restés disponibles à la fin de chaque année.

Art. 15. — Sont nulles de plein droit les modifications apportées à ses statuts par une Société, si elles n'ont pas été préalablement approuvées par le préfet.

La dissolution ne sera valable qu'après la même approbation.

En cas de dissolution d'une Société de secours mutuels, il sera restitué aux sociétaires faisant en ce moment partie de la Société le montant de leurs versements respectifs, jusqu'à concurrence des fonds existants, et déduction faite des dépenses occasionnées par chacun d'eux.

Les fonds restés libres après cette restitution seront partagés entre les Sociétés du même genre ou les établissements de bienfaisance situés dans la commune; à leur défaut, entre les Sociétés de secours mutuels approuvées du même département, au prorata du nombre de leurs membres.

Art. 16. — Les Sociétés approuvées pourront être suspendues ou dissoutes par le préfet pour mauvaise gestion, inexécution de leurs statuts ou violation des dispositions du présent décret.

Titre III. — *Dispositions générales.*

Art. 17. — Les Sociétés de secours mutuels déclarées établissements d'utilité publique, en vertu de la loi du 15 juillet 1850, jouiront de tous les avantages accordés par le présent décret aux Sociétés approuvées.

Art. 18. — Les Sociétés non autorisées actuellement existantes, ou qui se formeraient à l'avenir, pourront profiter des dispositions du présent décret en soumettant leurs statuts à l'approbation du préfet.

Art. 10. — Une commission supérieure d'encouragement et de surveillance des sociétés de secours mutuels est instituée au ministère de l'Intérieur, de l'Agriculture et du Commerce.

Elle est composée de dix membres nommés par le Président de la République.

Cette commission est chargée de provoquer et d'encourager la fondation et le développement des Sociétés de secours mutuels, de veiller à l'exécution du présent décret et de préparer les instructions et règlements nécessaires à son application.

Elle propose des mentions honorables, médailles d'honneur et autres distinctions honorifiques en faveur des membres honoraires ou participants qui lui paraissent les plus dignes.

Elle propose à l'approbation du ministre de l'Intérieur les statuts des Sociétés de secours mutuels établies dans le département de la Seine.

Art. 20. — Les Sociétés de secours mutuels adresseront, chaque année, au préfet un compte rendu de leur situation morale et financière.

Chaque année, la commission supérieure présentera au Président de la République un rapport sur la situation de ces Sociétés, et lui soumettra les propositions propres à développer et à perfectionner l'institution.

Une loi du 15 juillet 1850 et un règlement d'administration publique en date du 14 juin 1851, rendu sur le rapport du ministre de l'Agriculture et du Commerce, ont réglé les conditions auxquelles les Sociétés de secours mutuels peuvent se faire reconnaître comme établissements d'utilité publique.

APPENDICE.

BIBLIOTHÈQUES DE PAROISSES.

Dans plusieurs paroisses de Paris, des bibliothèques ont été fondées pour la propagation des bons livres, à l'aide de souscriptions et de dons de bons ouvrages.

— A *Saint-Thomas d'Aquin*, les livres sont prêtés moyennant une souscription de 10 fr. par an ; ils sont prêtés gratuitement aux personnes qui ne peuvent payer la souscription, pourvu qu'elles soient connues ou recommandées par M. le curé et MM. les prêtres de la paroisse.

Les souscripteurs et ceux qui sont admis à la bibliothèque reçoivent une carte qui leur donne le droit d'échanger leurs livres aussi souvent qu'ils le désirent.

Pour obtenir cette carte, il faut s'adresser à M. le directeur, passage Sainte-Marie, 3.

La bibliothèque est ouverte de onze à trois heures, passage Sainte-Marie, 3, les mercredis et vendredis exceptés.

— A *Saint-Sulpice,* la bibliothèque paroissiale admet

les ouvrages en tous genres, religion, piété, voyages, arts, littérature.

Moyennant 10 fr. par an, toute personne, quelle que soit sa paroisse, est admise à emprunter des livres de la bibliothèque. Le prêt des livres se fait gratuitement à toutes les personnes de la paroisse auxquelles leur position ne permet pas de payer la souscription annuelle.

Toute personne qui désire emprunter gratuitement les livres, doit présenter à M. le directeur une demande signée de M. le curé ou de l'un de MM. les prêtres de la paroisse, ou se faire présenter ou recommander par une personne connue, qui réponde des ouvrages prêtés.

Chaque lecteur reçoit une carte qui lui donne le droit d'emprunter des livres pour lui-même, pour les personnes de sa maison, ou pour toute autre, sous sa responsabilité.

Une même personne peut prendre plusieurs souscriptions, et reçoit autant de cartes qu'elle a de souscriptions.

Chaque lecteur ne peut recevoir plus de deux volumes à la fois pour chaque carte, et ne doit pas garder un ouvrage plus d'un mois.

La bibliothèque est ouverte rue Cassette, 13, tous les dimanches de deux à trois heures, et tous les mercredis de deux à quatre.

Les dons et souscriptions, tout ce qui a rapport à

la bibliothèque paroissiale de Saint-Sulpice doit être remis à la bibliothèque.

Il existe encore une bibliothèque sur la paroisse de Saint-Séverin, une sur celle de Saint-Roch et une à Saint-Merry, Sainte-Élisabeth, Notre-Dame de Bonne-Nouvelle, etc.

BIBLIOGRAPHIE CATHOLIQUE.

La *Bibliographie catholique* est une revue critique des ouvrages de religion, philosophie, histoire, littérature, éducation et science, considérés sous le point de vue moral et religieux.

Cette publication, fondée par M. l'abbé des Billiers, et dirigée par M. l'abbé Duplessy, est destinée à faire connaître la valeur morale des livres en circulation, nouveaux et anciens, à signaler ceux qui méritent d'être lus et propagés, et ceux dont la lecture serait un danger pour la foi et les mœurs.

La *Bibliographie* paraît dans la seconde quinzaine de chaque mois, par numéro de trois feuilles d'impression.

Le prix de l'abonnement est de 10 fr. par an pour Paris et la province.

On s'abónne rue Cassette, 13.

ANNALES DE LA CHARITÉ.

Cette revue, exclusivement consacrée à l'examen des questions et des institutions qui intéressent les pauvres, paraît au commencement de chaque mois, par livraison de quatre feuilles d'impression grand in-8°.

Fondée en janvier 1845, elle forme aujourd'hui une collection où l'on trouve des détails pratiques sur l'organisation et l'histoire de toutes les œuvres et institutions charitables de la France et de l'étranger; un recueil complet des lois et documents officiels relatifs à la bienfaisance et à la prévoyance publiques.

Enfin, les *Annales* publient tous les travaux de la *Société d'économie charitable.*

On s'abonne à la librairie de M. Parent-Desbarres, *éditeur*, rue Cassette, 28.

Le prix de l'abonnement annuel est de 10 fr. pour Paris, 12 fr. pour les départements, et 15 fr. pour l'étranger.

On peut se procurer la collection du journal.

Rédacteur-gérant : M. Alexis Chevalier, rue de Grenelle Saint-Germain, 49.

SOCIÉTÉ D'ÉCONOMIE CHARITABLE.

Fondée le 31 janvier 1848 par M. le vicomte de Melun, la *Société d'économie charitable* s'occupe de la discussion des diverses questions qui se rattachent à l'assistance publique et à la charité privée.

Elle se compose de membres titulaires et de membres correspondants.

Elle se réunit une ou deux fois par mois, pendant l'hiver, dans les salons de la *Société d'encouragement*, rue Saint-Germain des Prés, 14.

S'adresser, pour les renseignements, au secrétariat établi au bureau des *Annales de la charité*, rue de Grenelle Saint-Germain, 49.

COURS GRATUITS

EN FAVEUR DES OUVRIERS.

L'*Association philotechnique*, présidée par M. Boulay (de la Meurthe), a fondé des cours qui ont lieu chaque année, savoir :

A l'École Turgot, rue du Vertbois, 17 :

Sur la *mécanique*, la *géographie*, la *géométrie*, la *trigonométrie*, l'*arpentage et lever des plans*, l'*algèbre*, la *comptabilité*, la *grammaire*, l'*hygiène*, l'*arithmétique*, la *physique* et la *chimie* ;

Et à l'École communale, rue Sainte-Élisabeth :

Pour le *dessin*, le *chant d'ensemble*, le *dessin de la figure et de l'ornement*, le *dessin linéaire et lavis*.

M. Claudel se trouve tous les jours de sept heures à huit heures et demie du soir, à l'école Turgot, pour inscrire les ouvriers et leur donner des renseignements sur les cours appropriés à leur degré d'instruction.

Les cours de l'Association étant destinés aux adultes, l'âge de seize ans est rigoureusement exigé pour l'admission des élèves.

ASSOCIATION POLYTECHNIQUE.

Cette association s'occupe de l'instruction des ouvriers adultes de Paris.

Elle a son siége à l'école communale de la Halle aux draps.

TABLE

PAR ORDRE DE MATIÈRES.

CHAPITRE II.

OEUVRES DE CHARITÉ LIBRE POUR LA PAUVRETÉ, LA MALADIE ET LA VIEILLESSE.

CHAPITRE III.

INSTITUTIONS D'ASSISTANCE ET DE PRÉVOYANCE PUBLIQUES.

§ Ier. — *Assistance publique.*

§ 2. — *Prévoyance publique.*

CHAPITRE IV.

OEUVRES ECCLÉSIASTIQUES ET COMMUNAUTÉS RELIGIEUSES VOUÉES AU SERVICE DES PAUVRES.

CHAPITRE V.

INSTITUTIONS DE PÉNITENCE, DE RÉHABILITATION ET DE SECOURS AUX PRISONNIERS.

CHAPITRE VI.

LOIS ET DOCUMENTS OFFICIELS RELATIFS A LA CHARITÉ PUBLIQUE OU PRIVÉE.

APPENDICE.

FIN DE LA TABLE.

TABLE ALPHABÉTIQUE

DES MATIÈRES.

A.

B.

Pages.

C.

D.

E.

F.

H.

I.

J.

L.

M.

FIN DE LA TABLE.

www.ingramcontent.com/pod-product-compliance
Ingram Content Group UK Ltd.
Pitfield, Milton Keynes, MK11 3LW, UK
UKHW020555230726
13926UKWH00005B/2035